Wo kommt sie her, die Lebenslust? Aus vielerlei Quellen. Bei Joachim Ringelnatz ist es der erste frische Blumenkohl mit Bröseln, ein Ferienbrief, der nach Seeluft und Zwanzigkräuterschnaps riecht, das Busseln mit Rösl unter dem Standbild der Pallas Athene, der Hasenbraten an Silvester, die Harmonika aus der Nachbarschaft, die ein Konzert im Kurhaus »imaginiert«, eine Reise nach Frankfurt an der Oder, ein Ferngruß von Bett zu Bett ... Joachim Ringelnatz' Texte sind Elixiere der Lebenslust und Lebensfreude und dieser Band eine Einladung, sie zu nutzen.

Joachim Ringelnatz, Dichter, Kabarettist und Maler, geboren am 7. August 1883 als Hans Bötticher in Wurzen an der Elster, einem sächsischen Städtchen, starb am 17. November 1934 in Berlin.

insel taschenbuch 3627
Lebenslust mit
Joachim Ringelnatz

Lebenslust mit Joachim Ringelnatz

Ausgewählt von Kathrin Grothe

Insel Verlag

Umschlagillustration: Hans Traxler

insel taschenbuch 3627
Originalausgabe
Erste Auflage 2010
© Insel Verlag Berlin 2010
Vertrieb durch den Suhrkamp Taschenbuch Verlag
Umschlag nach Entwürfen von Willy Fleckhaus
Satz: Hümmer GmbH, Waldbüttelbrunn
Druck: CPI – Ebner & Spiegel, Ulm
Printed in Germany
ISBN 978-3-458-35327-0

1 2 3 4 5 6 – 15 14 13 12 11 10

Inhalt

Lebenslust 11
Morgenwonne 11
Überall 11
Frühling 12
Freude 13
Tango 13
Fahrt zum Treffpunkt Bielefeld 14
An Berliner Kinder 15

Herrlich amüsiert 16
Zwieback hat sich amüsiert 16

Kleider machen Leute 23
Berta und ich gehn zum Maskenball 23
Aus dem Tagebuch eines Bettlers 24

Tue Gutes 27
Der Wunderbrunnen. Märchen 27

Tafelfreuden 31
Was Topf und Pfann' erzählen kann 31

Wenn einer eine Reise tut 43
Kurz vor der Weiterreise 43
Frankfurt am Main 43
Frankfurt an der Oder 44
Drei Tage Tirol 45
Landflucht 46

Beneidenswerte Weltmenschen 48
Die wilde Miss vom Ohio 48

Sommerfrische 53
Ferienbrief 53

Die Lust am Fabulieren 57
Kuttel Daddeldu erzählt seinen Kindern
   das Märchen vom Rotkäppchen 57

Applaus! 61
Wettlauf 61

Bettgeflüster 64
Volkslied 64
Ferngruß von Bett zu Bett 64
Silvester 65

Wenn's am schönsten ist, soll man gehn 67
Durch das Schlüsselloch eines Lebens 67

Ich hab dich lieb 78
Meine erste Liebe? 78
Ich habe dich so lieb 78
Was willst du von mir? 79
Brief in die Sommerfrische 80
Liebeszettel 81
Essen ohne dich 81
. . . als eine Reihe von guten Tagen 82
Liebesbrief 83

Der Blumenfreund 85
Die Krokusgeheimnisse oder die Prinzipien 85

Ein Herr aus unsrer Mitte 93
Kathi und die Freier 93

Lebenslust

MORGENWONNE

Ich bin so knallvergnügt erwacht.
Ich klatsche meine Hüften.
Das Wasser lockt. Die Seife lacht.
Es dürstet mich nach Lüften.

Ein schmuckes Laken macht einen Knicks
Und gratuliert mir zum Baden.
Zwei schwarze Schuhe in blankem Wichs
Betiteln mich »Euer Gnaden«.

Aus meiner tiefsten Seele zieht
Mit Nasenflügelbeben
Ein ungeheurer Appetit
Nach Frühstück und nach Leben.

ÜBERALL

Überall ist Wunderland.
Überall ist Leben.
Bei meiner Tante im Strumpfenband
Wie irgendwo daneben.

Überall ist Dunkelheit.
Kinder werden Väter.
Fünf Minuten später

Stirbt sich was für einige Zeit.
Überall ist Ewigkeit.

Wenn du einen Schneck behauchst,
Schrumpft er ins Gehäuse.
Wenn du ihn in Kognak tauchst,
Sieht er weiße Mäuse.

FRÜHLING

Die Bäume im Ofen lodern.
Die Vögel locken am Grill.
Die Sonnenschirme vermodern.
Im übrigen ist es still.

Es stecken die Spargel aus Dosen
Die zarten Köpfchen hervor.
Bunt ranken sich köstliche Rosen
In Faschingsgirlanden empor.

Ein Etwas, wie Glockenklingen,
Den Oberkellner bewegt,
Mir tausend Eier zu bringen,
Von Osterstören gelegt.

Ein süßer Duft von Havanna
Verweht in ringelnder Spur.
Ich fühle an meiner Susanna
Erwachende neue Natur.

Es lohnt sich manchmal, zu lieben,
Was kommt, nicht ist oder war.
Ein Frühlingsgedicht, geschrieben
Im kältesten Februar.

FREUDE

Freude soll nimmer schweigen.
Freude soll offen sich zeigen.
Freude soll lachen, glänzen und singen.
Freude soll danken ein Leben lang.
Freude soll dir die Seele durchschauern.
Freude soll weiterschwingen.
Freude soll dauern
Ein Leben lang.

TANGO

Denn nur zu zweit
Und dann ganz zu zweit allein
Kann ein Geheimnis
Ewig Geheimnis sein.
Fühlst du wie ich,
O dann ist's getreu verwahrt,
Dann war auch Liebe dahinter,
Liebe ist still und zart.
Denn nur zu zweit
Und dann ganz zu zweit allein
Kann ein Geheimnis

Ewig Geheimnis sein.
Nur eine leise Melodie,
Der alte Jugendtraum,
Jenes Märchen von Er und Sie.

Du, an die ich jetzt denke, vergiß es nie!
Du, an die – Erinnerst du wann und wie?
Nie vergessen sei dieses Gedicht,
Jene Nacht. – Doch erzähl es nicht!
Du, an die ich jetzt denke, vergiß es nie.
Melodie – nur Melodie.

FAHRT ZUM TREFFPUNKT BIELEFELD

Welt, bist du abgedroschen schön!
Ich möchte in Fanfaren stoßen.
Es platzen meine Hosen,
Doch es gibt nur eine kleine Tön.

Wie ich das jetzt so um mich seh,
Ist alles weiß wie frischer Schnee,
Und ich gondle dazwischen
Und darf nach Belieben fischen.

Das ist der rechte Augenblick,
Sich froh zu überlegen:
Armut macht dünn. Reichtum macht dick.

Die Welt ist schön! Zickzack, Zackzick!
Ich fühle mich verwegen.

AN BERLINER KINDER

Was meint ihr wohl, was eure Eltern treiben,
Wenn ihr schlafen gehen müßt?
Und sie angeblich noch Briefe schreiben.
Ich kann's euch sagen: Da wird geküßt,
Geraucht, getanzt, gesoffen, gefressen,
Da schleichen verdächtige Gäste herbei.
Da wird jede Stufe der Unzucht durchmessen
Bis zur Papagei-Sodomiterei.
Da wird hasardiert um unsagbare Summen.
Da dampft es von Opium und Kokain.
Da wird gepaart, daß die Schädel brummen.
Ach schweigen wir lieber. – Pfui Spinne, Berlin!

Herrlich amüsiert

ZWIEBACK HAT SICH AMÜSIERT

So ein Kriegsschiff wie die »Nymphe« sieht von außen schmuck und freundlich aus. Kommt man als Besuch an Bord, so bemerkt man viel Ruß und Öl und Enge und stößt sich mehrmals empfindlich an sehr interessanten Maschinen. Gehört man im Dienste fürs Vaterland selbst zum Schiff, so lernt man erstaunlich vielseitige Arbeit, viel drückendes, eisernes Müssen kennen, lernt sich unter freiem Himmel im Winter mit kaltem Wasser den Oberkörper waschen und andres.

Bei der Marine muß man sehr gesund sein, um sich wohlzufühlen, gesund an Leib und Seele. Zwieback war nicht gerade krank. Aber die Kameraden hielten ihn für schwächlich, und er litt darunter; denn als Matrose unter Matrosen für schwächlich zu gelten, ist etwas Qualvolles.

Zwieback hieß gar nicht Zwieback. Irgendwie war er zu diesem Spitznamen gekommen.

Niemals hatte er sich krank gemeldet. Er verrichtete den Dienst, den die anderen verrichteten, nur weniger gut als diese. Nie zeichnete er sich aus. In allem blieb er zurück, in allem, und das schmerzte ihn. Er begriff schwer, war ungeschickt und zerstreut beim Exerzieren. Seine Uniformstücke wiesen immer Flecke auf und karikierten die unschönen Formen seines Körpers.

Er hatte ein merkwürdig langes Gesicht, das durchaus nicht zur Uniform paßte. Außerdem war er sehr klein, aber auch nicht der kleinste. Denn in nichts war er der Erste oder Letzte. Er wurde mit kränkender Selbstverständlichkeit übersehen von den anderen.

Und immer wieder verglich er sich mit diesen anderen. Das waren starke, wohlgebaute, frische Kerle. Sie sahen wirklich aus, wie Matrosen aussehen. Er, Zwieback, sah doch nicht aus, wie Matrosen aussehen. Und sie lebten mit so viel Leichtigkeit und Sicherheit.

Es gab da Leute, die stundenlang in der schmutzigen Takelage arbeiten konnten, ohne daß ihre weißen Anzüge fleckig wurden. Und war es nicht grausam beschämend, wenn jemand sagte: »Zwieback, Sie sehen wie ein Ferkel aus.« Es gab Leute, die gefürchtet waren, weil sie sich die Gunst strenger Vorgesetzter erschmeichelten, und solche, die höchstes Ansehen genossen, weil sie auffallend kräftig und verwegen waren.

Warum verstand nur er, Zwieback, nicht die Kunst, sich als gleichwertiges Teil im Ganzen zu behaupten?

Hatte er sich einen Knopf angenäht, dann fand er zuletzt, daß er den Faden über den Rand des Knopfes gezogen. Das kam bei den anderen nicht vor.

Diese glücklichen anderen hatten Extrauniformen, und wie stürmisch sahen sie darin aus, wenn sie zur Urlaubsmusterung antraten. Und dann kamen sie zurück von Land mit leuchtenden Augen, heiß und rot, stolz und trunken, mit dem Gefühl himmelstürmender Kraft in den Adern.

Manchmal wachte Zwieback auf von dem aufgeregten Lachen, den jugendwilden Tritten der Zurückkehrenden. »Na, gut amüsiert?« fragte eine Stimme gähnend. »O, herrlich amüsiert!« antwortete jemand. In seinem Ton lag etwas von einem Trompetenstoß oder vom Wiehern eines Füllens. Und Frage und Antwort wiederholten sich. Laute und Worte drangen an Zwiebacks Ohr, die sich vor Befriedigtsein blähten.

Aus halboffenen Augen beobachtete er die, denen er unsäglich neidisch und sehnsüchtig zuhörte.

Die hatten das Geld, um in Wirtshäusern lustig zu sein. Die hatten ihre Mädchen. Die verstanden zu tanzen, hatten Freunde in Schlägereien und wurden nicht wegen vornehmer Manieren verspottet.

O, herrlich amüsiert. – Das Wort hatte sich in Zwiebacks Gehirn eingenistet und ließ ihn unruhig träumen. – – –

Er bat nur selten um Urlaub und dann, um einzukaufen oder einsam, grübelnd über abgelegene Felder zu wandern. Niemand hielt es für möglich, daß Zwieback sich betrinken oder in eine Frau verlieben könnte. – – –

Die »Nymphe« lag jetzt vor Warnemünde.

Zwieback fuhr an Land. Er wollte heute außergewöhnlich leben, lustig, richtig vergnügt sein und auf bessere Art, als die anderen es waren. Er wollte nachts auch einmal antworten können: O, herrlich amüsiert! Er wollte einmal von den anderen beneidet werden. – –

Bald stapfte er durch die beruhigenden Flächen feinen Dünensandes am Wasser entlang, an unförmigen Strandkörben, an müßigen und lebhaften Gruppen eleganter Badegäste vorbei und erwartete ein Erlebnis.

Es konnte sich ungefähr so zutragen: Zwei hübsche, verwöhnt aussehende Backfische schwärmen vorüber. Sie verlieben sich in ihn. Können zwei Backfische, ohne sich zu verlieben, an einem einzelnen Mariner vorüberschwärmen, der durch das Einerlei einer Badesaison wie ein Meteor geht? – Gut: Backfisch eins läßt den Sonnenschirm fallen. Zwieback zeigt sich galant und gewandt.

O danke vielmals. – Bitte, ich tat das mit Vergnügen. – Sie sind sehr aufmerksam. – Es folgt ein Gespräch, das mit gewollter Notwendigkeit zum Strandkorb 609, zu den Eltern, Geschwistern und Bekannten der Backfische führt. Die Gesellschaft bewundert Zwieback. Er wird im Kreis herumgezeigt wie ein Singhalese und muß tausend Fragen beantworten. Was die gekreuzten Flaggen am Oberarm bedeuteten. Ob er nie seekrank war. Was ein Walfisch wiegt und ob Tätowieren weh tut. Am Kaffeetisch auf der Veranda in der Villa »Seeschwalbe« oder »Iduna« erzählt er von gefährlichen Erlebnissen als Seemann, als rauher Marinesoldat, vielleicht von dem entsetzlichen Sturm am Kap Horn, wo er den Admiral Teerlapp vertreten mußte. – – Die Augenbrauen der verstummten Zuhörer müssen sich zusammen- und ihre Münder sich in die Breite ziehen. – Im Abendschatten einer Laube küßt Zwieback den Backfisch oder die Backfische und empfängt die Chiffre für heimlichen Briefwechsel – – Aus all dem entspringt etwas, das sich durch Zwiebacks künftige Militärzeit wie der Golfstrom durch Polarwasser zieht. – – –

Aber es kam nicht so. Niemand sprach ihn an. Man sah ihm wohl nach. Manchmal schien es, als ob man hinter ihm lachte. Er setzte sich nieder, schlang die Arme um die eingezogenen Beine, starrte nach der »Nymphe«, aufs Meer, in den Himmel und merkte auf einmal, wie hell und warm die Luft war. –

»– kommt – – – Kiel?«

Zwieback wandte scharf den Kopf und gewahrte zwei jüngere Herren in tadelloser Kleidung. Er hatte die Frage nicht verstanden und sagte das, sich erhebend.

Irgendwelche Auskunft wurde erbeten und gegeben.

Die Herren waren ausgesucht höflich, und Zwieback gefiel sich darin, ebenso zu sein. Später saßen sie vor einer Flasche mit repräsentabler Etikette und hatten Namen genannt. Zwieback sprach. Er sprach von Torpedos, Granaten, Ankermanövern, Bootsmanövern, Landungsmanövern, Rettungsmanövern, Regatten, Salutschießen, Hängematten, Strafexerzieren, Nachtsignalen, »Klar Schiff«, wollenem Unterzeug, Matrosenkost, Funkenmimik und meteorologischen Drachen. Von sich selbst sprach er nicht. Er wollte einfach als Beispiel eines deutschen Matrosen reden und war stolz darauf, für eine vollwertige Durchschnittserscheinung zu gelten.

In dem Bemühen, den beiden Rostocker Studenten das gleiche Bild vom Marineleben beizubringen, das ihn selbst ergriffen, war er dann ganz rot geworden.

Die Herren sollten verstehen, wie hart und schön es sei, in einer heulenden Weihnacht auf landfernem Meer mit gläsernen Händen in steif beeistem Tauwerk zu hängen. Sie sollten von einem Flottenmanöver das aufregende Durcheinander, die durch kleine Worte beherrschte, farbige Massenverschiebung, das große Dröhnen, das drohende, blendende Blitzen, das freiatmende, tausendfache Wehen erfassen. An eine unvergängliche Poesie sollten sie glauben, begreifend, daß ein Scheinwerfer ein vom Dunkel verborgenes Segel plötzlich in eine weißglühende, orientalische Märchengestaltung verzaubern kann. In die Welt »Marine« sollten sie blicken, so wie Kinder eine große, brausende Maschine betrachten – –

»Fühlen Sie sich dort wohl?«

Das lange »O ja«, das Zwieback, tief Atem holend, zurückgab, klang wie nein.

Und es stand in gewissem Zusammenhang mit diesem Klange, daß eine Rose für den Matrosen gekauft wurde. – –

Zwei Dampfpinassen, mit lärmenden Blaujacken überladen, stießen unerbittlich pfeifend vom Ufer ab. Scheue Wellen bäumten sich unter den Schlägen der surrenden Schrauben und stürmten klatschend gegen das faulige, schwarzgrüne Holz des Pontons, auf dem ein lebhaftes Publikum Hüte und Tücher schwenkte.

Die in den Fahrzeugen sangen auf einmal

»Muß i denn, muß i denn –«

und junge Mädchen am Ufer warfen ihnen Blumen nach.

Zwei schaukelnde Pinassen entfernten sich rasch in der Richtung eines ruhelos glitzernden Lichtstreifens, der über die mäßig bewegte See nach der »Nymphe« führte. Zwieback saß unter den Berauschten, Lachenden, mit einer Rose in der Hand. Er sah nichts als Wasser und Licht und dachte glücklich, daß er viel getrunken habe. Darauf eilten seine Gedanken sprunghaft bald vorwärts, bald rückwärts.

Wie er ersehnt, erkundigte sich an Bord jemand: »Na, Zwieback, wie war's?«

»O«, rief er und rief es mit Siegerstimme, »fein, herrlich amüsiert!«

»Zwieback hat sich amüsiert!« klang es aus verschiedenen Richtungen, und das Wort ging herum. Leute fuhren aus halbem Schlaf empor, eilten, nur mit Unterzeug bekleidet, herbei, um zu sehen, wie Zwieback aussah, wenn er sich amüsiert hatte. Sie bestaunten ihn lächelnd, deuteten auf die Rose, die neben seiner Mütze lag, und wollten Näheres wissen.

Aber er gab nur einige stolze, raffiniert ausgedachte Andeutungen, während er sich entkleidete und seine Hängematte aufknüpfte.

Dabei schnitt er alberne, unnatürliche Grimassen, um zu verbergen, wie es ihn freute, beneidet zu werden. Liegend, die Rose nahe am Mund, schloß er die Augen. Es wurde still.

Einmal noch hörte er ganz ferne sagen: »Zwieback hat sich amüsiert.«

In seinen Gedanken wiederholte sich das Wort vielmals. Ja, es war herrlich gewesen! – Was war herrlich gewesen? – Langsam sog er den Duft der Rose ein. – Ein Mann hatte sie ihm geschenkt. Mit zwei ganz fremden Männern hatte er etwas Wein getrunken und Aufklärungen über Marineverhältnisse gegeben. – Aber waren es nicht Stunden langentbehrter, gleichfühlender Freundschaft gewesen? – Tanzende Matrosen – Mädchen mit Blicken zärtlicher, opferfähiger Treue fielen ihm ein. Er sah Kameraden mit verschlungenen Armen singend durch Straßen ziehen. – Und wiederum, was bedeutete eine Rose als Geschenk unter Männern! Ach – –!

Irgend etwas rief tonlos: »Armer Zwieback!« Und dann: »Reicher Zwieback!« Und dann wieder: »Armer Zwieback!« Und wieder: »Reicher Zwieback!« Und so immer fort, abwechselnd. – Ah –!

– –

Zwieback schlief.

Kleider machen Leute

BERTA UND ICH GEHN ZUM MASKENBALL

Gänse, die als Prinzessinnen sich weiden.
Schafsköpfe, die als Schafskopf sich verkleiden.
Türken, die eine Bettlerin
Mit »Frau Geheimrat« titulieren,
Cowboys mit Oberlehrermienen. – –
Nur die dabei verdienen und bedienen,
Erkennen solchen Unfugs Sinn.
Und beinah nur für diese Wenigen
Mischen wir andern uns auf buntem Teller
Zum außerordentlichen italienischen
Salat, als Stückchen dran und drin.

Berta, frisier dich etwas schneller!
Weil ich ein fertig angezogener Chinese bin.

Es braust ein Ruf wie Donnerhall, –
Berta, wir gehn zum Faschingsball,
Zu Karnevallerie Krawall,
Pot-Pickles, Mixed-Pourri und Drall.

Denn mancherlei im Leben – vielerlei! –,
Das man nicht sagt, läßt tanzen sich und gröhlen.
Und köstlich ist ein unverbindlich Küssen.

Maria Stuart, heute bist du frei,
Rasch! Gieße Flieder in die Achselhöhlen!

Nimm diese Mark für Trambahn und mal müssen.
Das Auto hin, das werde ich bezahlen.
Bin ich nicht nett??
Und geh heut nacht mit wem du willst in das Schafott.
Mach zu! Mein Hütchen – und mein Paletötchen. –
Steig ein! – Die Schlüssel? – Und die Schinkenbrötchen?
Töff töff rrrr –

Das Auto hält. Portier und Lichter strahlen.
Das Auto will ich, wie gesagt, bezahlen.
Doch, Berta Stuart, nun verlaß ich dich.
Zum Abenteuern muß man Freunde meiden.
Wie wir uns heute nur für andre kleiden,
Zuletzt erlebt ein jeder doch nur sich.

Du!: Morgen, überm Eimer denk an mich!

AUS DEM TAGEBUCH EINES BETTLERS

Ich klingelte. Ich bettelte um Brot.
Um alte Sachen.

Ich beschrieb anschaulich die Not.
Ich kann so eine jämmerliche Miene machen.
Meine Familie sei teils hungrig, teils tot.

Nur ein kleines, hartes, verschimmeltes Restchen Brot,
Womit ich eigentlich Geld meinte.

Der Herr verneinte.

Ich versuchte diverse Gebärden.
Ich kann so urplötzlich ganz mager werden.
Ich taumelte krank.
Ich – stank.

Da wurde ich gepackt.

Fünf Minuten später war ich nackt.

In einer Wanne im Bad
Bei dreißig Grad.

Ich weinte. – Ich wußte:
Hier half kein Beteuern.
Man fing an, meine Kruste
Herunterzuscheuern.

Dieser Herr war ein Schelm.

Ich wurde auf die Straße gestoßen.
Ich fand mich in schwarzen Hosen,
Lackschuhen, Frack und Tropenhelm.

Ich fand kein Geld. – Mir wurde bang,
Ich fand nur ein Trambahn-Abonnement.

Und ich ging auf die Reise,
Fuhr mit der Sechzehn stundenlang
Immer im Kreise.

Was halfen die noblen Sachen?

Ich bettelte. Probeweise.
Ich kann so eine kummervolle Miene machen.
Aber die Leute begannen zu lachen
Und die Haltestelle zu verpassen.

Ich sann auf einen Schlager.
Ich wurde urplötzlich ganz mager.

Ich wurde gewaltsam aus der Trambahn heruntergelassen.

Da waren die Anlagen und Gassen
Auf einmal ganz traurig und fremd.

Als ich aus dem Pfandhause kam,
Trug ich nur noch Hose, Barfuß und Hemd.

Ich mußte mir einen Anzug leihn.
Ich ging mit der Gräfin Mabelle,
Die eigentlich eine Büfettmamsell
Ist und gesucht wird, in ein Hotel.
Wir speisten: Hirschbraten mit Knickebein.
Wir sangen zu zwein:
»Wer hat uns getraut – . . .«
Und zuletzt, ganz laut:
»Wohlauf, noch getrunken den funkelnden Wein . . .«

Tue Gutes

DER WUNDERBRUNNEN

Märchen

Als die Mutter vom Bauer Stumpf im Sterben lag, rief sie ihren Sohn zu sich und sprach: »Lieber Sohn, sei immer ehrlich, arbeite fleißig und . . .«. Sie wollte noch mehr sagen, jedoch der Tod hielt ihr den Mund zu.

Stumpf beweinte und betrauerte sie und begann fleißig und ehrlich zu arbeiten, dermaßen, daß er allmählich zu Wohlstand gelangte. Er baute sich ein neues, größeres Haus, welches er weiß und grün anstrich, mit einem roten Ziegeldach darüber, und er schaffte sich nach und nach einen Stall mit Kühen, Ziegen, Hühnern, außerdem neue Äcker und ein Gärtchen mit bunten Blumen an. Auch konnte er sich bald zahlreiche Knechte und Mägde halten, die in dem alten Hause untergebracht wurden und das Feld sowie die Hauswirtschaft bestellen halfen.

So gab es reichlich für jedermann zu schaffen, am meisten aber für Stumpf selbst, welcher denn auch unermüdlich war und an nichts anderes dachte, als wie er seinen Reichtum und seine Macht vermehren möchte. Er arbeitete, aß, trank und schlief und arbeitete wieder und aß, trank und schlief, so jahraus und jahrein, ohne irgend einen anderen Wunsch zu haben, und war dazu überall hoch angesehen. Man hätte meinen sollen, der ehemals ganz arme Bauer müßte nun sehr glücklich gelebt haben, aber es war nicht so, denn der böse, unsichtbare Kobold

Unzufried hatte sich durch das Schlüsselloch in sein Haus eingeschlichen, der, ohne daß man seiner habhaft werden konnte, allerorts Schaden und Ärgernis anrichtete. Er hatte Haus, Hof und Gesinde und was drum und dran war behext, so daß das grün-weiß-rote Haus und die bunten Blumen im Garten sich trübselig grau färbten, kein Sonnenschein mehr zu bemerken war, die Speisen und Getränke ihren Wohlgeschmack verloren, die Menschen das Lachen und Singen verlernten, nachts unruhig träumten und darüber mißmutig und schweigsam wurden. Als das dem Bauer Stumpf endlich unerträglich vorkam, suchte er hilflos eine alte Frau im Dorfe auf, welche für außerordentlich weise galt, erzählte ihr, wie er so gar keine Freude am Leben hätte, und bat um Rat.

»Stumpf, Stumpf«, hub die Alte nach langem Bedenken an, »für dich gibt es nur eine Rettung. Mache dich abends allein auf den Weg, bis du das Tal Einsamkeit erreichst. Das Tal ist dunkel, aber du mußt warten, bis die Erleuchtung kommt; dann wirst du das Schloß Sehnsucht, den Demutsbrunnen und die weiße Frau Gnadenlieb erblicken.«

»Und was soll ich dort anfangen?« fragte Stumpf.

»Was dir einfällt«, entgegnete die Frau.

»Und welchen Weg muß ich einschlagen, um in das Tal zu gelangen?« erkundigte er sich.

»Geradeaus!« lautete die Antwort.

Er wollte noch weiter fragen, aber die Alte blieb nunmehr stumm, und so verließ er sie nach Dank und Belohnung.

Ebenso ungeduldig als mißtrauisch erwartete er den Sonnenuntergang, da er sich denn hurtig auf den Weg machte. Er lief aufs Geratewohl über die Felder in den tiefen Wald hinein, immerzu, immerzu, bis er ganz erschöpft zuletzt nicht vorwärts noch rückwärts wußte, denn er hatte sich verirrt, und es ward nun ganz dunkel um ihn herum, also daß ihn eine gewaltige Angst befiel. In solcher Not blieb er stehen und tat, was er seit dem Tode seiner Mutter nie wieder getan hatte, nämlich er betete.

Kaum waren die ersten Worte über seine Lippen gekommen, so ward es hell und heller im Walde. Der Mond und die Sterne traten hervor. Das Moos und die Blüten der Bäume erfunkelten, und in der Ferne tauchte ein zauberhaftes silbernes Schloß auf. Dorthin zog es den Bauer mit geheimnisvoller Macht; aber er gewahrte auch etwas anderes, was ihn zum Stehenbleiben zwang, weil es noch tausendmal schöner war als das Schloß. Dicht vor ihm rauschte ein Springquell nach einer feierlichen Melodie. Das Wasser floß unaufhörlich und glänzend wie ein Strom von Diamanten in einen runden, tiefen Brunnen hinein. Mitten im Springquell stand eine weiße, hohe, herrliche Frau mit ernsten, milden und wundersamen Augen. Bei diesem Anblick wurde es dem Bauer ganz eigen ums Herz. Er fiel auf die Knie und beugte sich über den Brunnenrand, um die Füße der himmlischen Frau zu küssen. Dabei schaute er in die kristallklare Flut, erblickte auf ihrem Grunde seine verstorbene Mutter und hörte, wie sie sagte: »Lieber Sohn, du hast schwere Schuld auf dich geladen; denn es ist nicht genug, daß du ehrlich und fleißig seiest, sondern du mußt auch anderen Menschen Gutes erweisen und demütig dich vor deinem Gott neigen, dem du alles verdankst.«

Stumpf aber schämte sich gar sehr, und indem er sich noch tiefer neigte, berührten seine Lippen die Flut, und er trank, ohne zu wollen, einen Schluck von dem kühlen Wasser, worauf ihn ein bisher nie gekanntes, seliges Gefühl durchströmte. »Stehe auf«, rief jetzt die weiße Frau mit gütiger Stimme, »begib dich nach Hause und komme morgen wieder!«

Gehorsam eilte Stumpf von dannen, fand sich auch richtig heim und fiel in einen tiefen, gesunden Schlaf. Am nächsten Morgen schritt er mit erhöhter Lust an sein Tagewerk, das ihm ungewöhnliche Freude bereitete. Und siehe da: Das Haus und die Blumen leuchteten wieder in bunten Farben. Die Sonne schien freundlich und warm. Die Speisen schmeckten vortrefflich. Die Mägde und Knechte lachten und sangen bei ihrer Arbeit, und allen war leicht und wohl zu Mut wie dem Stumpf, welcher sie anhielt, dankbar und demütig zu Gott zu beten, auch fortan viel Gutes für andere Leute tat und allabendlich nach dem stillen Tale wanderte, um sich an dem Wunderquell zu erlaben. So lebten Stumpf und die Seinen glücklich, und vom Kobold Unzufried ward nichts mehr verspürt.

Tafelfreuden

WAS TOPF UND PFANN' ERZÄHLEN KANN

Das Feuer zischt mit rotem Kopf –
Am Herd – da stehet Topf an Topf.
Drin kocht und siedet dies und das;
Die Köchin geht und holt noch was!
Kaum ist sie fort – die Küche leer,
Geht's auf dem Herd lebendig her!
Das Feuer prasselt – bli! bla! blu! –
Der gute Herd – der brummt dazu.
In Topf und Töpfchen regt es sich
Und zischt und brodelt wunderlich.
Aus jedem tönt ein Stimmchen vor,
Und geht ihr hin und spitzt das Ohr,
Dann hört ihr – ei, das wird ein Spaß! –
Ein jeder Topf erzählt euch was.
Und was noch kochend drinnen liegt,
Weil ihr es erst heut' mittag kriegt,
Sagt, was erlebt' es wundersam,
Bevor es in den Kochtopf kam.
Drum kommt und hört – es ist nicht schwer –
Es freut bei Tisch euch sicher sehr,
Dieweil ihr mehr wie alle wißt
Von dem, was man zu Mittag ißt!

Es liegt in seinem Topfe
Ein Braten feist und schwer
Und sagt mit rotem Kopfe:
»Allhier gefällt mir's sehr!

Das gute liebe Feuer
Wärmt mich so wohlig an;
Das freut mich ungeheuer,
Wär' ich nur näher dran!«

Er hat sich immer näher
Zum Feuer hingewandt,
Da – pff! – ein Schrei, ein jäher,
Schon ist er angebrannt.

Da kommt die Köchin wieder
Und merkt sofort, was los;
Zum Braten schaut sie nieder –
O weh! – der Schreck ist groß! –

Am Fensterbrett zwei Raben,
Die plappern frech und dreist:
»Wer's gar zu warm möcht' haben,
Der brennt sich auch zumeist!«

»Kennt ihr die Geschichte vom Hänschen?«
Fragte aus der Pfanne das Gänschen.

»Im Garten promenierte Hänschen,
Um einen Blumenstrauß zu pflücken;

Er traf ein rundes fettes Gänschen
Und kletterte auf seinen Rücken.

›Ha!‹ rief der Hans, ›jetzt kann ich reiten.
Ich reite nach Amerika –
Dort gibt es keine Schularbeiten,
In vierzehn Tagen sind wir da!‹

Ein Taschentuch nahm er als Zügel,
Der Sattel war bequem und weich,
Da plötzlich hob die Gans die Flügel
Und flog auf einen großen Teich.

Das Gänschen schwamm durchs Wasser munter,
Hans strampelte und schrie zuletzt;
Das Gänschen tauchte dreimal unter
Und hat ihn dann ans Land gesetzt.

Hans kam nach Hause ohne Zügel
Und war vor Angst und Schrecken blaß,
Denn erstens kriegt’ er arge Prügel,
Und zweitens war er klitschenaß.«

Die Suppe sprach mit leisem Mund:
»Die Kinder mach’ ich stark – gesund!
Wenn ihr’s nicht glaubt, so seid jetzt still
Und horcht, was ich erzählen will.

Im Wald, wo Wind und Wetter braust,
Hat eine Hexe einst gehaust,

Die hatte viele Kinderlein,
Die sperrte in den Wald sie ein,
Gab ihnen nichts zu essen mehr;
Die Kinder plagt' der Hunger sehr.
Doch eine Fee, die wußte dies;
Darum sie Suppe regnen ließ.
Da kamen schnell die Kinderlein
Und fingen sie in Töpfchen ein,
Und wurden groß und kräftig sehr,
Die Hex' konnt' sie nicht halten mehr,
Und kamen glücklich in die Stadt –
Die Suppe sie gerettet hat!«

»Das kommt von solcher Prahlerei!«
So schimpfte zornig ein Spiegelei
Und zischte über dem Feuer und wallte
Und brodelte, prustete, spritzte und knallte.
Man fragte es, warum es so zornig sei –
Und da erzählte das Spiegelei:

»Es war zum fröhlichen Osterfest;
Vier Eier lagen in einem Nest,
Das eine aus Schokoladeguß
War braun, als wie eine Haselnuß.
Die andern weißen riefen: ›Wie schade!
Ach, wären wir auch aus Schokolade!‹
›Ja‹, prahlte das braune, ›ihr armen Schlucker,
Ihr seid ja noch nicht einmal aus Zucker!‹
Da riefen die andern Eier: ›Juchhei!‹
Und schlugen einander die Köpfe entzwei.

Nun kroch aus jedem der Eier ein Küken,
Nur aus den haselnußbraunen Stücken
Kam nichts. Die waren ganz hohl und leer;
Da weinten sie nun und schämten sich sehr!«

»Ach, was sind die Menschen schlecht!«
Jammerte im Topf der Hecht.

»Als ich noch im Fluß geschwommen,
Ist einmal ein schöner junger
Weißfisch mir entgegengekommen,
Da bekam ich großen Hunger.

Und aus Liebe und Behagen
Hab' ich gleich ihn aufgefressen.
Aber ach! – in seinem Magen
Hat ein Häkchen festgesessen.

An dem Häkchen hing die Angel,
Und die Angel hielt der Bauer,
Und der Bauer lag schon lange
Hinterm Schilfe auf der Lauer.

Bauer packte mich am Kopfe –
Ach! da half kein Zappeln, Beißen,
Und nun koch' ich in dem Topfe,
Und man wird mich wohl verspeisen.«

Eine Zwiebel sprach zum Hecht:
»Siehst du, das geschieht dir recht!«

»Hört!« rief die Kartoffel, »ich weiß eine tolle
Geschichte von einer Zauberknolle,
Die einen Regenwurm in ein Blatt
Und dann in ein Heupferd verwandelt hat!«
Und die Kartoffel wollte beginnen – –
Da war kein Wasser im Topf mehr drinnen.
So platzte ihr schönes Kartoffelkleid.
»Ach!« jammerte sie, »es tut mir so leid,
Ich würde euch gern die Geschichte erzählen,
Doch ist es zu spät – ich muß mich jetzt schälen.«

So sprach die Kartoffel und drehte sich um
Und blieb von dieser Minute an stumm!

»Verzeihen Sie, wenn ich störe!«
Rief ein Apfel aus der Röhre;
»Was ich erlebt, das glaubt man kaum,
Ich hing an einem Apfelbaum;
Der Baum stand dicht vor einem Haus,
Dort wohnt der Bauer Nikolaus.
Da sah ich nachts – beim Mondenschein,
Es stieg ein Dieb zum Fenster ein.
Ich aber, um ihn zu vertreiben,
Fiel ab – und pochte an die Scheiben.
Der Dieb, der dachte sich: ›Oho!‹
Er ließ das Geld im Stich und floh!
So hab' ich Nikolaus beschützt,
Es hat mir aber nichts genützt.
Mit grober Hand griff mich der Bauer,
Besah mich lang und sagte: ›Sauer!‹ –

Nun muß ich hier im Topfe kochen,
Mir ist das Herz schon fast gebrochen.
Das eine aber ist mir klar:
Die Menschen sind oft undankbar!«

Die gelben Rüben waren gar,
Darunter auch ein Zwillingspaar,
Und dieses Wurzelzwillingspärchen
Erzählte ein famoses Märchen:

»Es war einmal ein gelbes Rübchen,
Das hatte viele tiefe Grübchen
Und nicht ein einzig grünes Blättchen;
Da ging es ganz betrübt ins Bettchen.
Daneben stand ein Schwammerling,
Das war ein allerliebstes Ding;
Ein Hütchen trug der kleine Pilz
Aus feinstem dunkelbraunem Filz,
Und auch ein Röckchen weiß und nett.
Das Rübchen aber lag im Bett
Und jammerte und weinte sehr:
›Ach, wenn ich so ein Pilz doch wär’!‹

Einst kam vom Berg herab ins Tal
Der gute Erdgeist Rübezahl.
Der sah das arme gelbe Rübchen
Und fragte: ›Ei, wie geht’s, mein Liebchen?‹
Das Rübchen sagte, wie’s ihm ging,
Es sei ein gar so häßlich Ding
Und wäre gern ein Schwammerling.

Herr Rübezahl rief: ›Gut – es sei!‹
Und zählte: Eins und zwei und drei!
Da war das gelbe Rübchen fort,
Ein neuer Schwammerling stand dort!
Der Erdgeist Rübezahl verschwand.
Wohin ist leider unbekannt.

Die Schwammerlinge lachten hell
Und küßten sich und wuchsen schnell.
Da ist ein kleines Mädchen kommen,
Das hat die beiden mitgenommen.
Das kleine Mädchen, das hieß Ilse
Und aß besonders gerne Pilze!«

In einem blauen Blechtopf fing
Das Wasser an zu brummen:
»Das böse Feuer macht mich heiß
Und läßt mich ganz verdummen!

Vom Berg, wo tausend Blumen blüh'n
Im lieben Sonnenscheine,
Da sprang ich einst voll Übermut
Ins Tal von Stein zu Steine.

Ich lief gar froh durch Feld und Au
Und trieb manch Mühlenrädchen;
Nach meinen Fischlein angelt' oft
Ein Bübchen oder Mädchen.

So kam ich einst auch in die Stadt,
Da sah ich schon von ferne
Ein großes, rundes, schwarzes Loch;
Was drin ist, wüßt' ich gerne.

Ich lief hinein – o weh, o weh!
Drin lacht kein Sonnenschimmer,
Ich war in einem dunkeln Rohr.
Zurück! – das konnt' ich nimmer!

So lief ich denn geradeaus
Und kam in viele Röhren,
Da schaut' ich keine Kinder mehr,
Konnt' keine Vöglein hören.

Doch plötzlich sah ich Licht – und lief
Nach vorne unverdrossen –
Und bin aus meinem Brunnenrohr
In diesen Topf geflossen.

So kam ich in der Küche an
Und war schon ganz zufrieden –«
– – – – – – – – – – – – – – – – –
Da ging dem Wasser der Atem aus,
Denn es begann zu sieden! –

Dort im heißen Bad ein Hummer
Brummt erzürnt: »Schockschwerenot!
Diese Hitze färbt mein schönes
Grünes Kleid ganz purpurrot.

Ei, war das ein fröhlich Leben,
Als ich noch im tiefen Schlamm
Mit Frau Kröte, meiner Base,
Friedlich einst im Teiche schwamm.

›Vetter Hummer!‹ rief Frau Base
Da auf einmal mit Gekreisch,
›Schaut, dort unterm Weidenstamme
Schwimmt ein Happen gutes Fleisch!‹

Kaum hört das die Frau Forelle,
Schießt sie zu auf jenes Stück;
Aber ich war grad so schnelle,
Hielt sie fest am Schwanz zurück!

Schwamm dann selber rasch hinüber,
Voller Hunger, voller Gier –
Schwapp! – da lag ich schon im Grase,
Und das Fleisch lag neben mir.

Also hat man mich gefangen,
Niemand hilft mir in der Not.
Schuld an allem ist die Kröte . . .«
Uff! – da war der Hummer tot!

Ein Pudding, der hat sich gebrüstet:
»Ich bin doch am besten gerüstet!
Mich schmücken Rosine und Mandel,
Ich habe Schokolade und Kandel.
Mich lieben die Großen und Kinder,

Die Alten – die Jungen nicht minder.
Und Ritter und Nixen und Drachen
Und Fürsten und Könige lachen
Und freuen sich, wenn ich geraten
Und wenn sie zum Essen geladen.
Mich ißt man mit höchstem Genusse –
Und darum – drum komm' ich zum Schlusse,
Denn wär' ich schon vorher gekommen,
Hätt' niemand von euch was genommen.«
Kaum hört ihn die Köchin so reden,
Da ist an den Herd sie getreten
Und schüttet die Himbeersauce
Ihm über die Zunge, die lose.
So endet' des Puddings Geschichte;
Das freute die andern Gerichte!

So zischt es und brummt es noch allerorten,
Doch plötzlich ist es ganz still geworden,
Denn in der Küche – mit frohen Mienen –
Waren viel' niedliche Mädchen erschienen
Mit weißen Häubchen auf blonden Zöpfchen,
Die gingen zum Herd und packten die Töpfchen,
Und was die so treulich behütet hatten,
Das legten die Mädchen auf goldene Platten,
Die Gans, den Hummer, den Pudding, den Hecht,
Den Braten, die Eier, die Äpfel erst recht –
Begannen dann eine nach der andern
Mit ihrer Platte ins Zimmer zu wandern.
Dort haben die Mädchen die Speisen serviert;
Der Tisch war mit Blättern und Blüten verziert,

Mit Eßgeräten gar freundlich gedeckt,
Und alles hat ganz vorzüglich geschmeckt.
– Drum, wer damals mitgegessen hat,
Der war gewiß noch lange satt!

Text von Hans Bötticher und Ferdinand Kahn

Wenn einer eine Reise tut

KURZ VOR DER WEITERREISE

In Eile – in vierzig Minuten
Geht mein Zug. Denke dir nur:
Die gelbe Tasche mit Frack und den guten
Hosen, vier Hemden und Onkel Karls Uhr,
Die Metamorphosen des Tacitus,
Zwei Unterwäschen, fast sämtliche Kragen,
Sogar das Glas mit dem Bandwurm in Spiritus
Und vieles andere. – Schluß – herzlichen Gruß.
– – – – – – – – – – – – – –
Ich muß dir ja noch die Hauptsache sagen:
Das alles haben sie mir gestohlen.
Ich habe hier Blut geschwitzt.
Der Teufel soll Berlin holen!
Denn auch mein neuer Hut ist vertauscht.
Pfenniger läßt dich grüßen. Er sitzt
Neben mir. Wir sind dir gut, aber ziemlich berauscht.

FRANKFURT AM MAIN

Und vieles andere: Applaus und Wein,
Freunde und Freiheit, wie es immer hieß.
Am schönsten aber, wenn ich ganz allein
In einem Winkel, der die Grüße mied,
Das taumelnd Aufgewirbelte sich setzen ließ
Und ruhig Täuschendes vom Echten schied.

43

Dann gingen Gott und Teufel durch die Wände;
Dann sah ich Schiffe im Polar vereist
Und sah im Waschfaß deine fleiß'gen Hände.
Und ob mitunter läppisch oder feist
Die Nachbarschaft mich störte oder stank,
Was ich errechnete, war immer Dank
Nebst einer Rechnung über Apfelwein. –

Um diesen Winkel, diese Stunde –
So zwischen Tageslicht und Bühnenlicht –
Mag, so wie andres anderswo, Frankfurt am Main
Um mich gewesen sein,
Das weiß ich nicht.

FRANKFURT AN DER ODER

Guten Tag. Wie geht es? Leben Sie wohl.
Nicht Oderkrebse aß ich,
Nein: ersten frischen Blumenkohl
Mit Bröseln. Dazu las ich,
Was du mir so ausführlich schriebst,
Daß du die Miete schuldig bliebst.
Ich freute mich, daß du mich liebst.
Die Miete, die vergaß ich.
Denn Frankfurt war so spaßig.
Besonders weil's Karfreitag war,
War alles Langerweile voll.
Ich frug den Mixer an der Bar,
Was man an Frankfurt rühmen soll.
Da mußte der gerade

Mal raus. Und das war schade,
Denn bald darauf ging schon mein Zug.
Ich konnte nicht mehr warten
Und hatte just noch Geld genug
Für ein paar Ansichtskarten.
Ich preßte allen Witz heraus
Und schrieb mit stumpfer Feder
An alle Freunde: »Grüße aus
Frankfurt an der Entweder.«

DREI TAGE TIROL

Ich bin nach Tirol gereist
Und hab das Zuhause vergessen.
Ich habe viel Freiheit gefressen
Und viel Gesellschaft gespeist.
Landschaften hab ich gesoffen
Und Illusionen geraucht.

Die Menschen, die ich getroffen,
Standen meist so zu den Sternen,
Daß man, um sie kennenzulernen,
Nicht erst zu verreisen braucht.

Das nennt man Drahtseilbahn: Es hing
Ein Zündholzschächtelchen an Zwirn.

Und ein Gewitter kam. – Das ging
Mir superior durch Herz und Hirn.

Wie tut ein wildes Wandern wohl,
Wenn man sein Einsamgehn durchleuchtet!

An allen Stellen angefeuchtet
Kam ich nach Hause aus Tirol.

LANDFLUCHT

Fort vom Lande, aus dem engen
Städtchen in die Großstadt flieht der Geist,
Wo im Kampf der Mengen
Er zerreißt.
Dort, wo Puls und Uhr
Schneller ticken,
Wird er sich zusammenflicken,
Wenn er's erst versteht,
Daß die unbezwingliche Natur
Auch auf Radiowellen, Schienenspur
Und Propellerschwingen weitergeht.

Wenn ihm das gelingt,
Wenn er nicht darüber ganz verkommt,
Wenn ihm die Erkenntnis frommt,
Daß die Nachtigall genau so singt
Wie ein Spatz
Am Alexanderplatz, – – –
Ja, dann wird ihn wohl von Zeit zu Zeit
Eine Sehnsucht wieder landwärts tragen
In die Enge, in die Einsamkeit. – –
Bis die simplen, friedlichen, gesunden

Bauern ihn nach Tagen
Oder Stunden
Wiederum verjagen;
In die große Stadt zurück.
Und dort wird er sagen:
Nur im Ruhelosen ruht das Glück.

Beneidenswerte Weltmenschen

DIE WILDE MISS VOM OHIO

Ich rede von einem jener gott- und menschenverlassenen Eisenbahnpunkte, wo normale Fremde den Verstand verlieren, wenn sie nicht Schlafvirtuosen sind oder ein dichterisches Verständnis für die Poesie der Öde haben. –

Als ich die Tür zur Wartehalle klinkte, flehte ich irgendeine überirdische Macht an, mich nicht in eine Gesellschaft zu lancieren, die über Bierqualitäten, Zufälle im Lotteriespiele oder innere Politik polemisierte.

Es war jedoch nur ein einziger Gast anwesend, eine stattliche Baron-Offizier-Lebemannerscheinung, die mir gleich durch eine kurze Kopfbewegung zu verstehen gab, daß ich mich zu den unsichtbaren Geistern zählen dürfe. Das war ganz nach meinem Sinn, und ich drückte mich selbst in den entferntesten Winkel, gleichfalls ein deutliches *Noli me tangere* in meine Züge legend.

Der Herr »Ober« bemühte sich, meine schlechte Stimmung auf den nervösesten Punkt zu schrauben, durch allerhand Schikanen, die ich in vier Humoresken und einer Tragödie zu verwenden gedenke. Dann allmählich schlief er am Zeitungsständer ein. Und nun war es still in der leeren Halle. Nur ein melancholischer Landregen nässelte an den Fensterscheiben.

Der Baronartige starrte regungslos auf eine Flasche Burgunder. Ich hatte das Gefühl, daß ich ohne seine Gegenwart ein stimmungsvolles Gedicht verfassen könnte. Die Hände vor die Augen pressend, um ihn nicht mehr zu sehen, gewahrte ich durch die Fingerspalten, daß er energische und eigentlich mehr zielbewußte als blasierte Gesichtslinien hatte, daß eine breite Narbe an seiner Schläfe nicht übel wirkte und daß er einen pompösen, exotischen Ring trug.

Die Einsamkeit ist die Treppe zum Gedankenkeller. Sie ist selbstverständlich wertlos für denjenigen, der unten nichts auf Lager hat. Wer aber sein Fäßchen oder gar Fässer, Tonnen dort liegen weiß – meistens die, welche oben nur wenig verzapfen –, dem fällt es nicht schwer, die Stunden in dieser erfrischend kühlen Tiefe totzuschlagen.

Auch ich wollte mein Fläschchen Spiritus heraufholen, um damit den eingeborenen Zeltinger zu veredeln, den mir das Bahnhofsrestaurant zu Kriegspreisen aufgetischt hatte.

Der Baron war wirklich im Grunde ein recht sympathischer Mann. Er schien ebenfalls trübseliger Laune zu sein und saß noch immer wie ich über sein Glas gebeugt – Zigarrenrauch und Asche studierend.

Da öffnete sich die Türe. Ein älterer, wettergebräunter Dritter im Jagdkostüm blieb auf der Schwelle stehen.

Der Baron bemerkte ihm sofort durch eine kurze Kopfbewegung, daß er sich zu den unsichtbaren Geistern zählen dürfe, und ich legte ein deutliches *Noli me tangere* in meine Züge. Der Jäger aber bediente sich einer noch überlegeneren Sprache. Er sah sich weder nach dem Baron noch nach mir um, sondern placierte sich mit geometrischer Geschicklichkeit so, daß er uns beiden gleichzeitig den Rücken zudrehte. Die schikanöse Einleitung des Kellners kürzte er dadurch ab, daß er ihn sehr bald mit Kamel anredete.

Ich fühlte mein Dichtermilieu durch einen struppigen Bart, verwegen rollende Augen und eine lokomotivierende Meerschaumpfeife erheblich gestört.

Erst als der wilde Mann mit einem Glas heißer Milch gestillt war und das dienstbare Kamel seine Journal-Ecke wieder eingenommen, trat der *status quo* ein. Dieses Verhältnis nahm mit der Zeit einen ganz friedlichen Charakter an. Es war, als hätten wir ein stilles Abkommen getroffen, einander rücksichtsvoll zu ignorieren.

Der Ofen begann wie in einer Anwandlung von Mitleid geheimnisvoll zu knistern. In tiefes Sinnen versunken, rührten wir uns nicht. Nur wenn der Kellner seine Beinstellung wechselte, hoben sich für einen Moment drei müde Häupter. Dann war alles tot.

An was denkt man in solcher Situation wohl? – – –

Das wird immer individuell sein. Ich z. B. dachte – – ach nein, das ist ganz gleichgültig.

Jedenfalls wurde die Ruhe plötzlich unterbrochen. Es war die seltsame Melodie eines mir unbekannten Liedes, halblaut durch die Zähne gesummt. Ich warf dem Jäger einen vorwurfsvollen Blick zu und beobachtete dann, wie der Baron sich verhielt.

Er hatte gleich mir den Kopf erhoben und außerdem eine Zeitung ergriffen, aber ich bemerkte, daß er hinter derselben neugierig den Jäger fixierte. Gleich darauf legte er das Blatt beiseite, leerte sein Glas mit einem nervösen Schluck, trommelte mit den Fingern auf das Tischtuch und stimmte leise pfeifend in das Lied, dasselbe Lied ein.

Nun sah auch der wilde Mann auf und schwieg. Der Baron schwieg gleichfalls. Es kam mir vor, als sei ein kleines Vorpostengefecht beendet.

Plötzlich erhob sich der Burgunderherr, trat mit unge-
zwungen vornehmer Haltung an den Jäger heran und sagte: »Mein Herr, erlauben Sie mir die Frage: Waren Sie je
am Ohio?«

»Ja«, erwiderte der andere erstaunt.

»Und Sie kennen die wilde Miß vom Ohio?«

»*The wild Miß?* – – –« Etwas wie ein wehmütig-glück-
liches Lächeln fuhr über das harte Jägergesicht. Er hielt
dem Frager seine kräftige Rechte hin, und dann gab's
einen Handschlag, den ich im Leben nicht wieder vergessen werde. Und nun rückten die beiden zusammen, und
der Kellner wurde aus seinem Presseschlummer gejagt,
um Sekt und Zigarren zu bringen, und dann begannen die
beiden zu fragen und zu erzählen, und dazwischen stießen sie so feurig die Gläser zusammen, daß der Kellner
jedesmal zusammenfuhr.

Ich verstand kein Wort weiter von dem, was da bespro-
chen wurde, aber ich glaubte den Inhalt zu erraten, und
das Herz ward mir dabei weit, als sei ich berauscht.

Es mußte eine köstliche, interessante Erzählung sein –
aus dem Leben dieser Männer, und das Lied, woran sich
beide erkannt hatten, sowie die wilde Miß vom Ohio muß-
ten irgendeine romantische Rolle darin spielen. Leiden-
schaftliche, gefährlich-schöne, vielleicht teilweise sehr trau-
rige Erlebnisse.

Ich sah ein einsames Licht aus dem nachtdunklen Ufer-
gebüsch des Ohio blinken. Die wilde Miß stand vor mir,
eine herrliche, heißblütige Kreolin mit tiefschwarzen, ver-
führerischen Augen, und ich wob einen spannenden und
ergreifenden Roman um sie. – –

Die Augen der Erzähler leuchteten begeistert, ihr Sekt

schäumte und der Zigarrenrauch umlagerte sie, wie Nebelwolken, den kühlen, schwarzen Fluten des Ohio entstiegen. Ich aber saß einsam in meiner Ecke und spürte eine so gewaltige Sehnsucht danach, auch Anteil an diesen bewegten Erinnerungen zu haben und hinzugehen, um zu sagen: Meine Herren, auch ich kenne das Lied, den Ohio und die wilde Miß. Darf ich mich zu euch setzen?

Glückliche, beneidenswerte Weltmenschen! –

Noch nie hatte ich ein Alleinsein so bitter empfunden wie in dieser Stunde. Ich faßte den Entschluß, mir auch ohne Belege als Zuhörer einen Platz bei den beiden zu erbitten.

Da pfiff etwas. Ein Zischen – ein Rollen – – der Zug lief ein – –

Ich habe weder den Jäger noch den Baron wiedergesehen. Die Geschichte der wilden Miß vom Ohio habe ich nie erfahren, aber wenn ich mich ihres Titels erinnere, habe ich eine häßliche, drückende Empfindung.

Es ist das Gefühl des Unbefriedigtseins. Etwa wie wenn man während einer spannenden Lektüre nach der weggelegten Zigarre greift und plötzlich merkt, daß diese auf unerklärliche Weise abhanden gekommen – –

Nein, es ist ein ganz anderes, viel tieferes, trüberes Gefühl.

Sommerfrische

FERIENBRIEF

Berlin 1923

Guter Freund Peter! Dein Ferienbrief schmeckte wie Seeluft mit Zwanzigkräuterschnaps. In der gegenwärtigen
Weltwirtschaft, nun jeder haßt, weil sich die andern nicht
zu seiner, ihm bequemen Ansicht bekehren lassen, weißt
Du schon Graumelierter dich nicht nur jung einfühlend
mit dem, was blieb oder ward, zu bescheiden, sondern
dankbar entdeckst du allenthalben hinter den Wolken
den Himmel, die hohe, unübersehbare Gerechtigkeit. Dein
frommer Humor bestärkt mich in allem redlichen Ver-
trauen; Schöneres vermag heute niemand zu schenken.

Mich riß es hin zu der nutzlosen Unart, meiner Tante
Bährmann vom Balkon aus mit Deinem Schreiben höh-
nisch zuzuwinken. Denn sie hat die unerworbenen Mittel
und den gewissenlosen Vorsatz, demnächst in ihre fünfte
diesjährige Sommerfrische zu reisen, um dort mit Gleich-
gesinnten durch Parallelgeschwätze über Emporkömm-
linge, Ausländerplage und gruslige Preise ihr Nichtstun
zu beschwichtigen. »Für anständige Leute gibt es heuer
keine Sommerfrische«, hat sie bereits im Winter prophe-
zeit; und kehrt sie im Herbst mit vielen Seufzern und ab-
gerupften Wiesen und Wäldern heim, wird sie ihr Höchst-
maß an Glück erreichen, wenn man sie bedauert, weil sie
nun ihre besonderen Sorgen nebst den 45 Krankheiten un-
gelindert bis zur nächsten Reisesaison weiterschleppen
muß.

Ich winkte ihr zu über die Linden des Hinterhofes hinweg, deren Blätter klebrig vor Blattläusen glänzen. Es ist eine Freude, so viel Blattläuse gesättigt zu wissen. Mich dauern die Linden, die darunter verkümmern. Und ist es nicht ein wunderhübscher Gedanke, daß sich diesmal einige solche Menschen eine Erholungsreise gestatten können, denen das in früheren Jahren versagt war? Manche andern Leute, die von ihrer gewohnten Lustfahrt diesmal absehen müssen, tun mir gar nicht leid.

Tante Bährmann drohte zurück, als hätte sie begriffen. Vielleicht auch hat sie mich als einen Prasser während einer Mondnacht belauscht, die ich im Smoking auf dem Balkon ganz allein mit einer Erdbeerbowle verbrachte. Eine Harmonika in der Nachbarschaft hatte mir Gartenkonzert im Kurhaus »imaginiert«.

Ich befinde mich nämlich ebenfalls in der Sommerfrische. Obwohl zu Hause. Vielleicht hat mir Tante ihre Vorwürfe dann ins Haus tragen wollen und grollt nun, weil ich ihrer Meinung nach mich verleugnet habe, während ich in Wirklichkeit weder zu öffnen noch überhaupt ein Klingeln zu hören vermag. Denn ich lebe schon länger als eine Woche in der Küche – mit angrenzendem Dachbalkon – eingeschlossen, und Lina besitzt die Schlüssel und kommt verabredeterweise erst am Donnerstag zurück, um mich aus dieser Sommerfrische zu entlassen. Sie hat mich mit einer Matratze, Anzügen, Proviant, Büchern, Tinte und Briefpapier ausgerüstet, und das Reisegeld war in Wein angelegt. Ich koche, wann und was ich will. Nach langen Tages- oder Nachtmärschen in der Küche auf und ab trete ich in die Lichtung des Balkons, wo ich die Aussicht ins Tal oder über die Giebelgletscher stets nach Wolken und Zeit verändert antreffe. Von dort betrachte ich auch beim Frühkaffee durch ein Fernrohr die Wohnungsgebräuche fremder Menschen und die freien Sitten des Schornsteinnegers. Auf dem Geländer gedeiht, was ich selbst angelegt habe, Kapuzinerkresse, das Platanchen, die Brennessel, meine Wiesen, meine Wälder. Aus der schwarzen Erde in den Zigarrenkästen sind schlanke grüne Jünglinge aufgeschossen; noch immer melden sich neue, naseweise Gemüse. Bei Gewitter nehme ich keinen Eispickel in die Hand. Neulich gab es einen Platzregen; ich blieb aber draußen, damit er mich überrascht hatte. Bis über die Küchenschwelle floß der Guß. Aber zu hoch gestiegene Wasser werden schon wieder einmal ablaufen, und was der Sonne wert ist, kommt wieder zum Vorschein.

Nicht wahr, wir zwei beklagen es tief, daß wir den Krieg verloren, und preisen es, daß wir ihn nicht gewonnen haben? Aber ich will ja hier Ruhe erlernen und klein und stumm und dumm sein. Die Bücher, auch das Schreibzeug verbrannte ich gleich und goß die Tinte weg. Der Proviant geht zur Neige. In einer Ecke stinkt's. Je weniger mich umgibt, desto glücklicher werde ich. Was wär's denn schlimmstens, wenn wir alles verlören, was Feinde nehmen können.

Nur einen Bogen für diesen Brief an Dich rettete ich. Ich werde ihn frankiert über die Balkonreeling werfen. Hoffentlich spült Ehrlichkeit Dir ihn zu.

Ein wenig Heimweh nach Lina habe ich übrigens bereits. Etwas Sehnsucht nach Regelmäßigkeit, Alltag. Viel Neugier. Was für Postsendungen, Visitenkarten mögen sich im Korridor unter der Briefklappe angesammelt haben? – – Ein Pochen draußen unterbricht mich. Da ich es bis hierher vernehme, so bedeutet es, daß jemand gegen die Flurtür donnert; wie kürzlich, als ich einen Pfui-Teu-fel-Topf voll verdorbener Bohnen, nicht wissend, wohin damit, in den Hof geschmettert hatte. Diesmal wird die Polizei donnern oder sonstwer, der mich für verrückt hält, weil ich heute morgen eine gefährliche Hochtour längs der Dachrinne unternahm. Um eine flügellahme Schwalbe zu retten. Es fehlt heute so an Mut, wo er not-tut. Aber auf dem Dach, so einsam über den Menschen, dem Himmel so näher, habe ich ganz unverschämt laut zu Gott zu beten gewagt, er möge es uns doch möglichst noch besser ergehen lassen, als es uns ohnehin ergeht. – Verzeih – eventuell später mehr!

Eine Tür splittert. Die Pflicht bricht ein.

Dein

Dir treuer

Gustav.

Die Lust am Fabulieren

KUTTEL DADDELDU ERZÄHLT SEINEN KINDERN
DAS MÄRCHEN VOM ROTKÄPPCHEN
UND ZEICHNET IHNEN SOGAR WAS DAZU

Also Kinners, wenn ihr mal fünf Minuten lang das Maul halten könnt, dann will ich euch die Geschichte vom Rotkäppchen erzählen, wenn ich mir das noch zusammenreimen kann. Der alte Kapitän Muckelmann hat mir das vorerzählt, als ich noch so klein und so dumm war, wie ihr jetzt seid. Und Kapitän Muckelmann hat nie gelogen.

Also lissen tu mi. Da war mal ein kleines Mädchen. Das wurde Rotkäppchen angetitelt – genannt heißt das. Weil es Tag und Nacht eine rote Kappe auf dem Kopfe hatte. Das war ein schönes Mädchen, so rot wie Blut und so weiß wie Schnee und so schwarz wie Ebenholz. Mit so große runde Augen und hinten so ganz dicke Beine und vorn – na kurz, eine verflucht schöne, wunderbare, saubere Dirn.

Und eines Tages schickte die Mutter sie durch den Wald zur Großmutter; die war natürlich krank. Und die Mutter gab Rotkäppchen einen Korb mit drei Flaschen spanischen Wein und zwei Flaschen schottischen Whisky und einer Flasche Rostocker Korn und einer Flasche Schwedenpunsch und einer Buttel mit Köm und noch ein paar Flaschen Bier und Kuchen und solchen Kram mit, damit sich Großmutter mal erst stärken sollte.

»Rotkäppchen«, sagte die Mutter noch extra, »geh

nicht vom Wege ab, denn im Walde gibts wilde Wölfe!«
(Das ganze muß sich bei Nikolajew oder sonstwo in Sibirien abgespielt haben.) Rotkäppchen versprach alles und ging los. Und im Walde begegnete ihr der Wolf. Der fragte: »Rotkäppchen, wo gehst du denn hin?« Und da erzählte sie ihm alles, was ihr schon wißt. Und er fragte: »Wo wohnt denn deine Großmutter?«

Und sie sagte ihm das ganz genau: »Schwiegerstraße dreizehn zur ebenen Erde.«

Und da zeigte der Wolf dem Kinde saftige Himbeeren und Erdbeeren und lockte sie so vom Wege ab in den tiefen Wald.

Und während sie fleißig Beeren pflückte, lief der Wolf mit vollen Segeln nach der Schwiegerstraße Nummero dreizehn und klopfte zur ebenen Erde bei der Großmutter an die Tür.

Die Großmutter war ein mißtrauisches, altes Weib mit vielen Zahnlücken. Deshalb fragte sie barsch: »Wer klopft da an mein Häuschen?«

Und da antwortete der Wolf draußen mit verstellter Stimme: »Ich bin es, Dornröschen!«

Und da rief die Alte: »Herein!« Und da fegte der Wolf ins Zimmer hinein. Und da zog sich die Alte ihre Nachtjacke an und setzte ihre Nachthaube auf und fraß den Wolf mit Haut und Haar auf.

Unterdessen hatte sich Rotkäppchen im Walde verirrt. Und wie so pißdumme Mädel sind, fing sie an, laut zu heulen.

Und das hörte der Jäger im tiefen Wald und eilte herbei. Na – und was geht uns das an, was die beiden dort im tiefen Walde miteinander vorgehabt haben, denn es war inzwischen ganz dunkel geworden, jedenfalls brachte er sie auf den richtigen Weg.

Also lief sie nun in die Schwiegerstraße. Und da sah sie, daß ihre Großmutter ganz dick aufgedunsen war.

Und Rotkäppchen fragte: »Großmutter, warum hast du denn so große Augen?« Und die Großmutter antwortete: »Damit ich dich besser sehen kann!«

Und da fragte Rotkäppchen weiter: »Großmutter, warum hast du denn so große Ohren?«

Und die Großmutter antwortete: »Damit ich dich besser hören kann!«

Und da fragte Rotkäppchen weiter: »Großmutter, warum hast du denn so einen großen Mund?«

Nun ist das ja auch nicht recht, wenn Kinder sowas zu einer erwachsenen Großmutter sagen.

Also da wurde die Alte fuchsteufelswild und brachte kein Wort mehr heraus, sondern fraß das arme Rotkäppchen mit Haut und Haar auf. Und dann schnarchte sie wie ein Walfisch. Und draußen ging gerade der Jäger vorbei.

Und der wunderte sich, wieso ein Walfisch in die Schwiegerstraße käme. Und da lud er seine Flinte und zog sein langes Messer aus der Scheide und trat, ohne anzuklopfen, in die Stube.

Und da sah er zu seinem Schrecken statt einen Walfisch die aufgedunsene Großmutter im Bett.

Und – diavolo caracho! – da schlag einer lang an Deck hin! – Es ist kaum zu glauben! – Hat doch das alte gefräßige Weib auch noch den Jäger aufgefressen. –

Ja, da glotzt ihr Gören und sperrt das Maul auf, als käme da noch was. – Aber schert euch jetzt mal aus dem Wind, sonst mach ich euch Beine.

Mir ist schon sowieso die Kehle ganz trocken von den dummen Geschichten, die doch alle nur erlogen und erstunken sind.

Marsch fort! Laßt euren Vater jetzt eins trinken, ihr – überflüssige Fischbrut!

Applaus!

WETTLAUF

Publikum ungeduldig scharrt –
Scharren lassen – hier Start –
Taschentuch? keins –
Schweiß –
Heiß –
Zum Beweis
Des Nichtaufgeregtseins:
Billet Spucke kneten.
Achtung: eins!
Nicht mehr Zeit auszutreten –
Was? Rauchen verbeten? –
Sie da, der Dritte, weiter zurücktreten –
Soo! – Endlich Musik –
Der bekannte
Augenblick,
Wo –
Wenn der Trikot
Nur nicht so spannte –
Schweinerei –
Wäre fatal –
Achtung: Zwei!
Teufel nochmal!
Heiliger Joseph, steh mir bei!
Achtung: Drei!
Tapelti, tapelti, tapelti
Mut!

Gut!
Kopf senken!
Arme vom Leib!
Frieda denken!
Herrliches Weib!
Schade, daß Mund stinkt!
Das war sie! – lacht! – winkt –
Oh, oh! Oh, oh!
Mein Trikot!
Vorne gespalten.
Taschentuch vorhalten –
Jetzt Quark!
Nur laufen!
10 000 Mark –
Wochenlang saufen –
Wenn's glückt –
Schulden bezahlen –
Tante verrückt –
Meyers prahlen –
Sieger gratuliert –
Photographiert –
Händedruck –
Tun als ob schnuppe –
Wändeschmuck –
Lorbeer-Suppe –
Zeitungs-Reklame –
Filmaufnahme –
Frieda seidenes Kleid –
Otto platzt Neid –
Engelmann – Wut –
Anton – Pump –

Aushalten! Mut!
Weg da! Lump! –
Einer von beiden –
Weg abschneiden –
Puff!
Was bild't sich –
Uff!
Gilt nicht!
Feste druff!
Gar nicht kümmern!
Schädel zertrümmern!
Zuchthaus –
Flucht – Haus –
Schande –
Tante –
Sterben –
Beerben –
Unsinn! Was Quatsch! Quatsch!
Teufel noch mal!
Laternenpfahl.
Mehr links, ach! ach!
Stopp! Frieda! Halt! Krach!
Kladderadatsch!
Knätsch daun! au! aus!
Ohhhhhh! – Publikum Applaus.

Bettgeflüster

VOLKSLIED

Wenn ich zwei Vöglein wär
Und auch vier Flügel hätt,
Flög die eine Hälfte zu dir.
Und die andere, die ging auch zu Bett,
Aber hier zu Haus bei mir.

Wenn ich einen Flügel hätt
Und gar kein Vöglein wär,
Verkaufte ich ihn dir
Und kaufte mir dafür ein Klavier.

Wenn ich kein Flügel wär
(Linker Flügel beim Militär)
Und auch keinen Vogel hätt,
Flög ich zu dir.
Da 's aber nicht kann sein,
Bleib ich im eignen Bett
Allein zu zwein.

FERNGRUSS VON BETT ZU BETT

Wie ich bei dir gelegen
Habe im Bett, weißt du es noch?
Weißt du noch, wie verwegen
Die Lust uns stand? Und wie es roch?

Und all die seidenen Kissen
Gehörten deinem Mann.
Doch uns schlug kein Gewissen.
Gott weiß, wie redlich untreu
Man sein kann.

Weißt du noch, wie wir's trieben,
Was nie geschildert werden darf?
Heiß, frei, besoffen, fromm und scharf.
Weißt du, daß wir uns liebten?
Und noch lieben?

Man liebt nicht oft in solcher Weise.
Wie fühlvoll hat dein spitzer Hund bewacht.
Ja unser Glück war ganz und rasch und leise.
Nun bist du fern.
Gute Nacht.

SILVESTER

Daß bald das neue Jahr beginnt,
Spür ich nicht im geringsten.
Ich merke nur: Die Zeit verrinnt
Genau so wie zu Pfingsten,

Genau wie jährlich tausendmal.
Doch Volk will Griff und Daten.
Ich höre Rührung, Suff, Skandal,
Ich speise Hasenbraten.

Mit Cumberland, und vis-à-vis
Sitzt von den Krankenschwestern
Die sinnlichste. Ich kenne sie
Gut, wenn auch erst seit gestern.

Champagner drängt, lügt und spricht wahr.
Prosit, barmherzige Schwester!
Auf! In mein Bett! Und prost Neujahr!
Rasch! Prosit! Prost Silvester!

Die Zeit verrinnt. Die Spinne spinnt
In heimlichen Geweben.
Wenn heute nacht ein Jahr beginnt,
Beginnt ein neues Leben.

Wenn's am schönsten ist,
soll man gehen

DURCH DAS SCHLÜSSELLOCH EINES LEBENS

Aber als das Fest müde geworden, als jene schalen Späße auftauchten, welche die Lustigkeit bis zur ärmlichsten Dünne in die Länge ziehen, als das Gelächter schon im Lallen oder Gähnen verklang und in der Dunkelheit stiller Nebenräume menschliche Atemzüge vernehmlich auf- und niederstiegen, da bestellte sich Berthold einen Wagen und entfernte sich heimlich.

Indem er draußen dem kalten Winterwind aufgerichtet und mit weitgeöffnetem Mantel entgegentrat, kam er sich wie ein kühner Feldherr vor, nicht nur, weil ihn der Kutscher des Mietwagens entsprechend behandelte.

Der Dank eines durch Trinkgeld gerührten Dieners klang ihm nach. Der Schlag klappte beängstigend laut zu. Er vernahm ein Schnalzen, Getrappel, Gerassel und sagte mit fröhlichem Pathos: »Ich rolle.« Seinen Körper möglichst über vier Sitze verteilend, wandte er sich noch einmal nach den erleuchteten Fenstern der Villa zurück und ließ seinen Stolz in der Erinnerung baden, daß er in Gesellschaft reicher oder berühmter Leute vornehm gespeist und getrunken hatte.

Über den dick verschneiten Straßen dämmerte es bereits, und da Berthold Arbeiter, Bäcker und Milchweiber ihren frühen Geschäften nachgehen sah, ward seine gute Laune durch ein Gefühl von Beschämung gedämpft.

Irgendwo im Weichbild der Stadt ließ er halten und be-

zahlte den Kutscher. Die Folgegeister eines feurigen Bur-
gunders hielten ihn wach und schürten die Lust zu der un-
vernünftigen Idee, mit Ballschuhen und Zylinderhut einen
Morgenspaziergang über Land zu unternehmen.

Hinter den letzten Häusern sah Berthold eine weiße
Wüste von Schnee vor sich und darüber einen wohltuend
ruhigen, lichtgrauen Himmel. Die frische Luft klärte seinen Blick. Der noch jugendliche Mann sandte einen recht
selbstbewußten Gedanken kondolierend nach dem heißen, verrauchten Saal zurück, den er als einer der ersten
verlassen. Er war entschlossen, sich um einen Schlaf zu
betrügen und seine kühne Stimmung in irgendein der
Gelegenheit anzupassendes Erlebnis umzuschmelzen, wie
man in der Neujahrsnacht heißes Blei ins Wasser gießt,
um zu sehen, was daraus wird.

Die gleichmäßige Schneedecke verbarg Wege und Grä-
ben, und nur die Krümmungen der Landstraße waren
durch zwei Baumreihen mit gleichsam märchenhaft ver-
zuckertem Gezweig gekennzeichnet. Aber Berthold stapfte quer über das verschneite Ackerland, oft tief versin-
kend. Wie ein schwarzes Boot durch ein weißes Meer ging
er durch den weiten, weichen, blendend reinen, unberühr-
ten, jungfräulichen Schnee und genoß die Lust, ihn als
erster zu durchwühlen. In dieser Lust lag etwas von der
Freude des Vandalen oder von dem Vergnügen, das man
empfindet, wenn man die gespreizte Hand in einen Sack
voll Hafer versenkt. Und doch war ihm jemand zuvor-
gekommen, denn er stieß bald auf die Fußstapfen eines
Menschen, der, ebenfalls Straßen verschmähend, die Felder durchquert hatte. Es waren zierliche Spuren in gerin-
gen Abständen, also wohl von einer Dame herrührend.

Ein Vogel schwang sich auf, als Berthold niederkniete, die Abdrücke zu untersuchen. »Guten Morgen, Rabe«, rief er, »ich bin Lederstrumpf – nein besser Sherlock Holmes. Wenn ich das Weib, das hier gegangen ist, erwische, dann kommst du vielleicht noch zu einem zarten Galgenfrühstück. Haha! Warte einmal – eins, zwei, drei, vier – – einundzwanzig Nägel hat sie im Absatz, jawohl!«

Der einsame Sprecher erhob sich lachend und schritt beschleunigt den Fußstapfen nach; er wünschte zu erfahren, wohin die Stiefelchen zu so früher Stunde gewandert waren.

Etwas später hob er ein blauseidenes Taschentuch auf, in welches er einen kleinen, unscheinbaren Notizkalender eingewickelt fand. Auf der Umschlagseite, mit Tinte mehr gemalt als geschrieben, stand: Lygia Valtin, Gruseliusstraße 3/IV. Die inneren Buchseiten enthielten unter fortlaufenden Daten Bleistiftnotizen. Mühsam entzifferte er:

Graf Naschauer – Perlgürtel – Puderdose Bahnhof – Eisbahn – Putzi schreiben – Schutzmann Klimmer – Kneifer – vier Uhr Kaiserplatz Kleiner Schwarzer – Rezept Hirschpastete – ein Neger mit Gazelle zagt im Regen nie – Baron von Biegemann, Frankfurt am Main, Taunusstraße 7 – zwei Meter Moiréeband – Wäsche ... und ähnliche Notizen.

Es geschah an einem Januar-Freitag, da Berthold das las, und für diesen Tag fand er in dem Kalender die Bemerkung: »Mutters Todęstag«, »Kleiner Schwarzer zwölf Uhr Mittag«. Das war der Inhalt des Büchleins. Der junge Herr stieß einen Pfiff aus; das gesuchte Abenteuer begann. Weitereilend gewahrte er bald, daß die Fährte, der er folgte, einem kleinen, abseits gelegenen Dorffriedhof zustrebte. Eine seltsame Rührung erfaßte ihn vorübergehend. Das Bild, das er sich nach den Stiefelabdrücken, dem stark duftenden Tuch und jenen Notizen in Gedanken von Lygia Valtin angefertigt hatte, bekam eine andere Gestaltung durch die Begriffe »Mutters Todestag« und »Feldfriedhof«. Die Achtung, die er vor der Unbekannten empfand, bewog ihn, ihre Verfolgung aufzugeben. Aber sein Interesse für die Dame war gestiegen, zumal er an dem Fund zu erkennen glaubte, daß sie hübsch, jung, gewiß auch reich an Beziehungen sei. Deshalb wollte er sie in ihrer Wohnung aufsuchen; bot doch das Tuch genügend Anlaß.

Während er die Strecke über die Felder im Zurück weit schneller als im Hin durchwatete, sann er auf eine originelle Anrede, sich bei Lygia einzuführen. – Er konnte beispielsweise beginnen: Gnädigste, ich heiße Berthold Sievers und komme, um Ihnen mitzuteilen, daß Sie einundzwanzig Nägel im linken Absatz tragen. – Dann vermochte er ihr verwirrtes Erstaunen noch höher zu schrauben, indem er etwa hinzulog: Außerdem läßt Ihnen Baron von Biegemann durch mich beste Empfehlungen und die Bekanntgabe zugehen, daß er sich mit der chinesischen Prinzessin Hink Puckling verlobt und gleichzeitig eine Hutkrempenfabrik in der Taunusstraße eröffnet hat.

Das mußte eine amüsante Unterhaltung zeugen, und Berthold nahm sich vor, erst dann mit Aufklärung, Taschentuch und Notizblock herauszurücken, wenn der Grundstein zu etwas Galantem oder Zartem oder Intimem gelegt sein würde. Und ein Mädchen, das am frühen Wintermorgen aufstand, um das entfernte Grab ihrer

Mutter zu besuchen, war doch nicht anders als gemütvoll und liebenswert zu denken.

Als Herr Sievers die innere Stadt erreichte, war es heller Vormittag geworden, ein lebendiger, fröhlicher Vormittag. Die Stimmen des Orchesters »Verkehr« hatten eingesetzt. Der junge Mann betrat ein Speisehaus mit der Absicht, kräftig und behaglich zu frühstücken.

– –

Die Kirchtürme läuteten Mittag, als er im vierten Stock des dritten Hauses in der Gruseliusstraße klingelte. Eine ältliche Frau öffnete scheu, deren Gestalt an den Kugelaufbau eines Schneemannes erinnerte, eine Frau, deren Gesicht und Kleidung dabei etwas so Trübseliges, Verwaschenes und Ungewaschenes hatten, daß der närrische Gedanke durch Bertholds Gehirn zuckte: so ungefähr müßte man sich die Mutter des schlechten Wetters vorstellen. Er konnte ein Lächeln nicht unterdrücken, er wollte es auch gar nicht, da seine Laune voll Lustigkeit und Selbstzufriedenheit war. Überdies hatten sich die Überreste einer Mahlzeit, ein paar Makkaroni, auf unerklärliche Weise in das struppige Haar der Dame verwickelt, und das wirkte durchaus erheiternd.

Herr Sievers erhielt auf seine ausgesucht höfliche Frage nach Lygia Valtin die Antwort: Das Fräulein wäre ausgegangen, aber er sollte nur warten. Das wurde ihm etwas geheimnisvoll und nicht eben freundlich mitgeteilt, doch er nickte einverstanden. Darauf schob ihn die Frau, seine Ellbogen von hinten ergreifend, wie einen Kinderwagen durch einen nachtdunklen Korridor. In dem unbehaglichen Gedanken an Schrankecken oder Stufen wollte er Tastbewegungen machen, aber da wurde er auch schon in ein helles Zimmer gestoßen. Die Tür fiel hinter ihm zu. Er hörte, wie die Makkaronidame sich draußen auf Filzschuhen schlürfend entfernte.

Berthold hängte lächelnd Mantel und Hut an einen Kleiderständer zwischen eine blauseidene Matinee und eine Gitarre, dann nahm er auf einem vergoldeten Rokokostuhl Platz. Der Raum, in dem er sich befand, sah gutmütig aus. Er war durch einen Herdofen mollig gewärmt und – das bemerkte Herr Sievers sofort – er war kein Zimmer von irgendjemandem, er war eine ganze Welt für sich – für Lygia Valtin natürlich. Es standen dort moderne und alte Möbel, Tisch, Stühle, Bett, Kleiderschrank, Bücherregal, ferner ein Diwan, auf dem eine flachsblonde Puppe mit offenen Augen schlief, ein Reisekorb, auf dem gebrauchtes Kochgeschirr unordentlich durcheinander lag – auch der Schatten unterm Bett war indiskret. An den Wänden hingen zwei Revolver, ein Florett, ein Bademantel und viele Bilder. Berthold betrachtete: Gruppenphotographien junger Leute beiderlei Geschlechts, teils im Freien, teils in Zimmern aufgenommen, die ebenso bunt verstellt waren wie Fräulein Valtins Behausung. Diese Bilder lebten auf einmal. Aus ihren Rahmen sprangen Studenten, Offiziere, Kaufleute und Damen in ärmlichen oder besseren, aber immer auffallenden Kleidern, tanzten wie trunken, lachten schmetternd und redeten komischen Blödsinn, und eine Dame, die mehrfach vertreten war, mußte Lygia sein.

»Leidenschaftlich, rassig, beinahe spanisch«, dachte Berthold, und gleichzeitig hing die Gesellschaft wieder in toter Bilderform an der Wand, »phantastisch, aber geschmackvoll, mittelgroß, ebenmäßig, schlank, dunkelhaarig – etwa 25 Jahre alt. Sieht sich gerne abgebildet«. – Er fand sie in *grande toilette* ernst und würdig an eine marmorne Brüstung gelehnt, als strampelnder Pierrot, von zwei Türken getragen und auf dem Fahrrad, fesch, kühn, mit der weltverachtenden Miene der Berufsfahrer. Sie lag träumerisch hingegossen, seitlich auf dem Diwan, die rechte Hand in das langseidige Fell eines Hundes gewühlt, der sich schlangenartig an ihrem Busen zusammengerollt hatte. Sie stand nackt, mit erhobenem Schläger, mit stolz und streng zusammengezogenen Brauen wie eine rächende Göttin vor ihrem Schrankspiegel, der hinterrücks ihre göttlichen Rundungen verriet. An einem Necessaire auf der Waschkommode, zwischen einem Verschönerungsverein von Kämmen, Bürsten, Scheren, Feilen, Parfümflaschen, Augenstiften und Schminkschachteln, lehnte ein Kopf von Lygia, in greller Beleuchtung gezeichnet, ein Kopf mit wild verzerrten Augen und wirrem, aufgelöstem Haar. Der wie zum Schrei geöffnete Mund entblößte eine Reihe makelloser Zähne. Unter dem Bild stand »Dementia«.

»Sie kann schauspielern, sie hat Raffinement«, sagte der junge Mann laut vor sich hin. Seine Worte kamen nicht so gleichgültig heraus, wie er sie auszusprechen sich unwillkürlich bemühte. »Und das ist ihre Mutter«, fuhr er noch lauter, ja fast mit einem freudigen Schrei fort, indem er sich dicht an das vergilbte Porträt einer alten Frau beugte. Ein Kranz noch feuchtfrischer Tannenzweige war über das Bild gehängt. Berthold sah nach der Uhr. Es war so ganz still in dem Zimmer. Nur ein Kanarienvogel schrie unaufhörlich Pie-eps, pie-eps. Sein Käfig stand zwischen grotesken Kakteen und kleinen, aber gut gepflegten Palmen auf dem einzigen Fenstersims. Man hatte ihm einen Berg von Futterkörnern aufgeschüttet, der für einen Monat ausreichen konnte, doch das Trinkgefäß des Vogels war leer. Die Erde in den Gewächstöpfen war hart und trocken. Berthold überzeugte sich davon, während er lange vor dem Fenster, oder wie er es taufte, vor Lygias »Garten« auf und ab schritt. »Warum kommt sie nicht!« redete er den Vogel an, und als dieser keine menschliche Antwort gab, nannte er ihn ein dummes Tier, das nichts verstände als Pie-eps zu schreien und blanke Kupferstäbe zu beschmutzen. Dann wollte er wieder auf dem Stuhl Platz nehmen, aber dieses Möbel hinkte, darum vertiefte er sich lieber in einen bequemen Klubsessel und begann seine Begrüßungsrede mit Betonung der einundzwanzig Nägel zu memorieren. Er sah wieder nach der Uhr, erhob sich wieder, ging wieder geraume Zeit auf und ab.

Lygias Bett war aufgedeckt. Wie sauber es glänzte! Berthold erinnerte sich an den Schnee. Zu Fußende war ein Spiegel und darüber ein Kruzifix angebracht, hinter dem eine Hundepeitsche steckte. Auf den mit Stickereien durchbrochenen, luftig aufgebauschten Kissen lag ein Stoß weicher Spitzenhosen. Herr Sievers hielt kurz den Atem an, verdrehte die Augen, tauchte für einen Moment das Gesicht in die Wäsche und, obgleich er sich allein wußte, trat er doch darauf schnell und verlegen zurück. –

Pie-eps, pie-eps klang es vom Fenster her. Er ging auf und ab, trat ans Bücherregal und fing an, die Bände der Reihe nach herauszuziehen; Pakete, die ihn nicht erreichten, von Jakobus Schnellpfeffer, Rabelais, Gontscharows »Oblomow«, Goethes Gedichte, Ursache und Behandlung der Maul- und Klauenseuche, Die Kindsmörderin –

»Wem gehören diese Bücher?« fragte er sich. »Es ist doch viel Gutes darunter, und der Kupferstich über dem Regal ist vorzüglich.«

Er lächelte, gähnte rücksichtslos und freute sich über die Unbefangenheit, mit der er Lygias Zimmer untersuchte. Trotzdem erkaltete sein Behagen an einem gewissen Gefühl des Fremdseins, ohne daß er sich dessen bewußt ward, und wie es ihm nicht gelang, die beobachteten Einzelheiten zu einem ganzen Gebäude zusammenzufügen, so fand er auch keinen Übergang von Lygias Häuslichkeit zu seiner eigenen.

Pie-eps, pie-eps klang es durch die Stille.

Es war spät geworden. Er sah es an der vorgerückten Dämmerung, deren Schatten das Zimmer merkwürdig entstellten. Er entzündete eine schlecht geputzte Stehlampe – mit der rotglasigen Ampel überm Bett verstand er nicht umzugehen. In spielerischen Schritten, den Kopf auf die Brust geneigt, umkreiste er mehrmals den Tisch. Später setzte er sich an den Schreibtisch, zog Schubfächer heraus und – er wußte, daß es unrecht war – begann Briefe durchzulesen.

Es waren ihrer viele, aber er las sie alle, bedächtig, langsam, mit zunehmender Spannung. Währenddem wurde sein Gesicht von einem Ausdruck des Ernstes und von einer edlen Ruhe verschönt.

Um ihn herum war alles still, auch der Vogel am Fenster schwieg jetzt. Herr Sievers saß lange Zeit vor den Briefen. Seine Gedanken errichteten Stufe für Stufe die Treppe, auf welcher Lygia Valtin geschritten – abwärtsgeschritten war. Er stellte sie sich vor, wie sie zaghaft ans Geländer geklammert, hinabgeschlichen, wie sie, als dieses aufgehört hatte, gestolpert, gefallen war, sich aufgerichtet hatte, wieder vorsichtig, dann leichtsinniger über die kalten Stufen gelaufen, zuletzt getanzt war und nun im Schwung nicht mehr einzuhalten vermochte.

»Wie verwunderlich ist das Leben«, sagte er, als ob er etwas ganz Neues ausspräche, und fügte hinzu: »Wo bleibt sie nur? Und ob mich denn die Wirtin ganz vergessen hat?«

Indes mahnte ihn plötzliche Müdigkeit an eine Nachtwache. Ihn wandelte das Verlangen an, sich auf Lygias Diwan auszustrecken und einzuschlummern wie ein Märchenprinz in fremdem Garten, ohne zu wissen, wie er erwachen, wer ihn wecken würde. Wunderschön mußte es doch sein, jetzt sanft, allmählich jede Klarheit zu verlieren, hinüberzugehen in die Träume, willenlos dem Gedanken ergeben, daß er sich Unbekannten überlasse, daß Unbekannte ihn, den Unbekannten, finden würden. Und als er sich wirklich ganz leise, behutsam, aber doch bequem neben der flachsblonden Puppe niederließ, auf dem Diwan, der gewiß schon oft das Rauschen von Seide, das Stammeln der Leidenschaft und die herben Seufzer der Einsamkeit vernommen hatte, da ging eine leise Traurigkeit über ihn.

So lag er und sann über Lygia nach. Was würde sie wohl sagen und mit welchen Bewegungen, welcher Stimme? Ob sie wohl sehr spät käme? Aber er hatte sechs Stunden gewartet, er konnte auch sieben Stunden warten. »Vielleicht kommt sie nicht allein«, überlegte er, »und sie ist kühl, verwundert, dankt trocken, und ihr Begleiter lacht. Vielleicht kommt sie doch allein, die schlanke Frau, von der ich so viel weiß. Sie kann auch böse sein oder mit der

Zunge anstoßen, oder, ohne über meinen Besuch zu erstaunen, sich auf meine Knie setzen.«

Ihm fiel jenes Sprichwort ein, das mit einfältigen Worten eine hübsche Weisheit faßt: Wenn's am besten schmeckt, soll man aufhören.

Herr Sievers erhob sich hastig. Er schlüpfte in seinen Mantel, setzte den Hut auf, knüpfte das gefundene Notizbuch wieder in das Seidentuch und warf es nahe dem Kleiderständer auf den Boden. Er tat das mit einer wachsenden inneren Aufregung. Dann verließ er das Zimmer. Jedoch im Rahmen der geöffneten Tür kehrte er nochmals um, ergriff einen Meißener Waschkrug und goß mit zitternder Hand Wasser in die Gewächstöpfe und in den Trinknapf des Kanarienvogels. Nun schlich er davon und erreichte die Straße, ohne jemandem begegnet zu sein.

Und obwohl er müde, hungrig und ungewaschen heimkehrte, erfüllte ihn doch ein geheimnisvolles Behagen, wie es ein guter Mensch empfindet, der durchs Schlüsselloch etwas Ungeniertes beobachtet hat, wie etwa ein Vater, der seinen Kindern so zugesehen hat.

Ja, auch er, Berthold, hatte durch ein Schlüsselloch, durch das Schlüsselloch eines Lebens geschaut, und da er daran dachte, daß es Millionen solcher Leben gab, von denen jedes wieder seine eigene Gestaltung besaß, war es nicht nur Behagen, was ihn erfüllte, war es ein tiefes Ergriffensein vor der Unermeßlichkeit der Menschheit.

Ich hab dich lieb

MEINE ERSTE LIEBE?

Erste Liebe? Ach, ein Wüstling, dessen
Herz so wahllos ist wie meins, so weit,
Hat die erste Liebe längst vergessen,
Und ihn intressiert nur seine Zeit.

Meine letzte Liebe zu beschreiben,
Wäre just so leicht wie indiskret.
Außerdem? Wird sie die letzte bleiben,
Bis ihr Name in der »Woche« steht?

Meine Abenteuer in der Minne
Müssen sehr gedrängt gewesen sein.
Wenn ich auf das erste mich besinne,
Fällt mir immer noch ein früheres ein.

ICH HABE DICH SO LIEB

Ich habe dich so lieb!
Ich würde dir ohne Bedenken
Eine Kachel aus meinem Ofen
Schenken.

Ich habe dir nichts getan.
Nun ist mir traurig zu Mut.

An den Hängen der Eisenbahn
Leuchtet der Ginster so gut.

Vorbei – verjährt –
Doch nimmer vergessen.
Ich reise.
Alles, was lange währt,
Ist leise.

Die Zeit entstellt
Alle Lebewesen.
Ein Hund bellt.
Er kann nicht lesen.
Er kann nicht schreiben.
Wir können nicht bleiben.

Ich lache.
Die Löcher sind die Hauptsache
An einem Sieb.

Ich habe dich so lieb.

WAS WILLST DU VON MIR?

Möchtest du meine Frau werden,
Da meine Haare schon grau werden,
Schon größtenteils sind?
Möchtest du über mich lachen?
Soll ich dir Freude machen?
Oder ein Kind?

Willst du die Peitsche spüren?
Soll ich dich ausführen?
Brauchst du Geld oder einen Rat?
Willst du nur mit mir spielen?
Oder gefielen oder mißfielen
Dir Taten, die ich tat?

Warum bist du so still?
Soll ich dich beklagen?
Sag doch einmal: »Ich will ......«
Oder sonst ein deutliches Wort. –
Soll ich dich verjagen?
Ja. Geh zu!
Nein! – Du!
Bitte, bitte, geh nicht fort!

BRIEF IN DIE SOMMERFRISCHE

Ich habe so Sehnsucht nach Dir.
Weil alles so gut steht
Auf unserem Gemüsebeet.
Und Du bist in England. Nicht hier
Bei mir.
Frau heißt auf Englisch »wife«;
Muß man, um das zu lernen,
Sich so weit und so lange entfernen?

Bei uns ist alles Gemüse reif.
Meinst Du, daß ich das allein
Esse? Kommt gar nicht in Frage.

Und so vergehen die Tage.
Könnte doch zu zweit so billig sein.

Bis August und noch September vergeht,
Ist alles verfault auf dem Beet.
Aber Englisch ist wichtiger als Gemüse,
Das es schließlich auch in Büchsen gibt.
Und ich gönne Dir das alles sehr. Grüße
Dich!
Dein Mann (einsam in Dich verliebt).

LIEBESZETTEL

In Eile – Du! Du!!! – Am Donnerstag
Wie letztmals, himmlisch dasselbe!!!
(Nur bitte – wenn es sich fügen mag –
Diesmal wieder das gelbe –!!!)

ESSEN OHNE DICH

Ich habe mich hungrig gefühlt,
Doch fast nichts gegessen.
War alles lecker, das Bier so schön gekühlt –
Aber: Du hast nicht neben mir
Gegessen.

Verzeihe: Ich stellte mir vor,
Daß das ewig so bliebe,

Wenn du vor mir – –
Ach was geht über Liebe?!!

Muß ich nun doch
Ein paar Tage noch
Fressen, ohne Lust; o das haß ich. –
Aber wenn du von der Reise
Heimkehrst, weiß ich, daß ich
Wieder richtig speise.

.. ALS EINE REIHE VON GUTEN TAGEN

Wir wollen uns wieder mal zanken,
Auf etwas hacken wie Raben,
Daß unsre zufriednen Gedanken
Eine Ablenkung haben.

Wir wollen irgendein harmloses Wort
Entstellen,
Dann uns verleumden und zum Tort
Etwas tun; das schlägt dann Wellen.

Wir wollen dritte aufzuhetzen
Versuchen,
Dann unsere Freundschaft verfluchen,
Einmal sogar ein Messer wetzen,
Dann aber uns – in Blickweite –

Auseinander zusammensetzen,
Um superior jedem weiteren Streite

Auszuweichen;
Mit dem Schwur beiseite:
Uns nimmermehr zu vergleichen.

Dann wollen wir, jeder mit Ungeduld,
Ein paar Nächte schlecht träumen,
Dann heimlich eine gewisse Schuld
Dem anderen einräumen,
Dann lächeln, dann seufzen, dann stöhnen,
Dann plötzlich uns gründlich bezechen,
Dann von dem vergänglichen, wunderschönen
Leben sprechen.

Und dann uns wieder einmal versöhnen.

LIEBESBRIEF

»Rösl, morgen abend um zehne
Unter dem Standbild der Pallas Athene,
Wo wir uns doch so oft schon getroffen,
Beide die Brust voll Bangen und Hoffen,
Immer so froh. Sind gewandert nach irgendwo,
Sind gewandert durch Nacht und Tau
Bis in das schüttelnde Morgengrau. – –
Busseln und Lieben!! –
Weiß nicht, was wir getrieben,
Weiß nicht, wo all die Stunden geblieben.
Und dann immer das alte Lied:
Jeder wollte scheiden und keiner schied.
Und dann gingst du doch, –

Aber ich stand und lauschte noch,
Lauschte, bis ferne dein Schritt verhallt.

Rösl, ich mag dich so leiden!!
Gelt Rösl, wir beiden
Werden nimmer alt?«

Der Blumenfreund

»– und ich wiederhole: Wer mein Schwiegersohn werden will, muß zuvor zehn Mille bei mir deponieren; zehntausend Rückenmark, wie ich das nenne.«

»Woher soll ich die nehmen?« fragte Max Timber bitter. »Sie wissen doch, was ich als Gärtnergehilfe verdiene.«

»Es ließe sich damit sparen. Aber Sie sparen nicht, sondern Sie spekulieren damit.«

»Aber doch redlich! Mit meinem Geld! Auf eigene Gefahr!« rief Herr Timber und erregte sich.

»Durchaus redlich. Aber ich hege das Prinzip: erst Verdientes sparen und sichern, dann neu verdienen und damit riskieren. Nur damit!«

»Ich«, sagte Timber bescheiden, doch sehr sicher, »ich bin der Meinung: Wir Anfänger sollen Verdientes riskieren und wieder riskieren, bis wir einmal mit Gewonnenem gründen, und dann sollen wir anfangen zu sparen und zu sichern.«

»Nun, das ist auch ein Prinzip.« Herr Heimsick nickte vor sich hin, dann streichelte er zweimal ein Knie des jungen Mannes und holte so aus: »Meine Eva ist ein reines, unberührtes und ehrliches Mädchen. Ihr künftiger Mann soll ein redlicher und tüchtiger Kerl sein. Wenn er zudem noch, wie Sie, lieber Timbermax, beruflich in mein Fach schlüge, daß er in meine Firma einträte, um sie nach meinem Abkratzen einmal ganz zu übernehmen – – C. F. Heimsick Nachf. – Sämereien *en détail* – eventuell sogar –

– Inhaber Max Timber – dann – – Aber Rückenmark! Rückenmark muß er haben! Bringen Sie mir eines Tages das – die Rückenmark, erworben nach meinem Prinzip oder nach Ihrem Prinzip. Bis dahin bleibt zwischen uns dreien selbstverständlich und hoffentlich – ich bitte Sie, unseren vertrauten Hausfreund, darum – alles beim alten.«

Max brachte traurig das Resultat seiner Werbung zu Eva. Evchen seufzte und machte ein trauriges Gesicht, aber beide sprachen nicht weiter darüber, denn sie waren nicht geschwätzig. Im übrigen blieb alles beim alten. Max fand sich täglich bei Heimsicks zum Abendbrot ein. Er berichtete über sein Tagewerk oder schwärmte von seinen privaten Versuchen und Plänen – – Trüffelzucht in Sachsen – – Marienkäferzucht an Rhein und Mosel – – Kreuzung von Baum- und Gemüsekulturen – usw. in weitem Bogen. Evchen folgte dem mit teilnahmsvollem Gesicht, und der Vater hörte glücklich heiter mit sichtlichem Interesse zu. Mittwochs und freitags begleitete Herr Timber dann das Mädchen um neun Uhr noch zur Klavierstunde. Es war zwar eine recht unschicklich späte Stunde, aber Herr Marsalino hatte keine andere frei, und man konnte sich glücklich preisen und geehrt fühlen, bei dem berühmten und allbegehrten italienischen Meister überhaupt aufgenommen zu sein. Jedoch auch wenn Max sie um zehn Uhr von dort wieder abholte und ehrsam schnurstracks heimbrachte, war Evchen nicht zu bewegen, seinen Arm anzunehmen. Sie lehnte das prinzipiell ab. Max war auch schon glücklich darüber, neben ihr herschreiten zu dürfen, und wenn er zwischen dem wenigen, was sie unterwegs sprachen, einmal sie anblickte, dann sah er in ein glückliches Gesicht. Am Ende des Gartens nahmen sie herzlich Abschied, und wenn Eva gegangen war, trat Max in einen Winkel zwischen Mauer und Laube, der so dunkel war, daß man die hintere Hausfront beobachten konnte, ohne selbst bemerkt zu werden. Dort wartete er noch, bis im Parterre in Evchens Schlafzimmer Licht aufging und bis dann zwei Minuten später im ersten Stock in Herrn Heimsicks Schlafzimmer Licht aufging.

Eines Nachts wollte dieses zweite Licht nicht aufgehen, obwohl Evchens Lampe schon seit einer Viertelstunde verloschen war. Dagegen geschah etwas noch nie Dagewesenes. Aus der Haustür trat Herr Heimsick, ging, vielmehr schlich sich am Haus, sodann ein Stück an den Pappeln entlang und schritt dann lautlos geradenwegs auf die Laube zu. Max fand knapp noch Zeit, sich ein paar Schritte zurück hinter ein Gebüsch zu retten. Vater Heimsick blieb genau an der Stelle stehen, wo Timber gestanden hatte, nach allen Seiten ausschauend und lauschend fegte er mit dem Fuß behutsam den Unrat beiseite, der sich in dem vernachlässigten Winkel angesammelt hatte. Unterm Mantel hielt Herr Heimsick mit der linken Hand offenbar etwas verborgen. Jetzt zog er mit der anderen Hand etwas Blitzendes aus der Tasche, kauerte sich nieder und begann ein Loch in den Boden zu schaufeln. Dahinein legte er endlich bedächtig einen Gegenstand, deckte ihn wieder mit Erde und die Erde wieder mit Unrat zu, lauschte nochmals nach allen Seiten und schlich, wie er gekommen, wieder ins Haus zurück.

Nach kurzem Kampfe mit seiner Neugier und seinem Gewissen brachte es Timber über sich, den Gegenstand auszugraben und heimzutragen; doch nicht ohne die Spuren seines Einbruches vorher wieder zu verwischen. Der Gegenstand war ein Paket, das eine verlötete Teebüchse enthielt. Darin lagen in Goldstücken und Geldscheinen zehntausend Mark. O Gott! O Gott! Herrn Heimsicks Rückenmark! Dabei ein Zettel mit den Worten: »Gespart von Deinem Vater.«

In nächster Nacht schlich Max wieder nach dem Winkel und säte mit bebenden Händen Krokussamen unter den Unrat in die Erde. Dazu betete er: Gott möge sein Vorhaben segnen.

Die zehn Mille verwandte er insgeheim zu Unternehmungen und Experimenten. Er spekulierte und kalkulierte und verkalkulierte sich, kaufte und verkaufte. Ein Tausender nach dem anderen schmolz ergebnislos dahin, und als Max den letzten auf eine einzige Karte setzte, erzielte er schließlich einen Gewinn von elftausend Mark. Damit eilte er zu Heimsicks.

Evchen war erkrankt. Sie lag zu Bett. Ihr früheres Kindermädchen, später Hebamme geworden, pflegte sie nun. Evchen empfing Max nicht. Sie empfing nicht einmal ihren Vater. Sie empfing prinzipiell keinen Mann im Bett. Von der Pflegerin erfuhr Herr Heimsick, daß es sich um eine zwar ungefährliche, aber unter Umständen langwierige Unterleibssache, um eine Frauenkrankheit handelte.

»Herr Heimsick«, stammelte Max und errötete, »ich habe mit meinem kleinen Gelde wieder und wieder spekuliert, und ich habe elftausend Rückenmark erzielt, und ich bitte wieder um Evchens Hand, und soll ich sie einer Bank überweisen oder – –?«

Herr Heimsick erblaßte, aber faßte sich schnell. »Nix Bank!« sagte er. »Eine Bank kann fallieren.«

»Ja, kann -lieren«, stammelte Max. »Sie stecken es also in Ihr Geschäft, wir arbeiten damit.«

»Nein«, rief Heimsick, »wir arbeiten nicht damit. Ich quittiere Ihnen. Aber das Geld nehme und behalte ich in Gewahrsam unberührt und unverzinst, solange ich lebe.« In Timber stieg ein schweres Ahnen auf.

Zwischen Heimsick und Max einerseits und Evchen nebst Pflegerin andererseits wurde durch eine verschlossene Tür folgendes vereinbart: Max sollte sofort zum gleichen Salär, wie er's bisher als Gartengehilfe bezogen, als Lehrling in die Samenhandlung eintreten, um sich dort einzulernen, bis Evchen gesund wäre, was allerdings ein Vierteljahr dauern könnte. Aber dann sollten auch nach großzügig moderner Auffassung Verlobung und Hochzeit zugleich gefeiert werden, und Max würde schnell avancieren – – eventuell Prokura – –

In dieser Nacht fand Heimsick keinen Schlaf. Beim ersten Morgenlicht unternahm er einen Spaziergang durch den Garten, dabei musterte und betastete er gleichsam spielerisch wie vielerlei so auch den Winkel an der Laube. Da entdeckte er zu seinem maßlosen Erstaunen allenthalben unter dem Unrat junge, rührende, unschuldige, leuchtende Krokusse. Sollte an der Teebüchse –? – – Herr Heimsick brachte Gott ein stilles Gebet dar, worin er ihm dankte, daß er sein Beginnen gebilligt und gesegnet und sein Geheimnis durch diesen zarten Blumenpanzer noch mehr gesichert habe. Seiner Tochter und seinem Lehrling aber erzählte er strahlend, daß durch irgendwelchen Zufall in jenem sonnenverbannten Winkel Krokusse aufgeschossen seien, und deutete das als ein gutes Omen. Das Wunderbeet sollte fortan und, solange er lebe, ein unantastbares, heiliges Familienbeet bleiben.

Es fiel Timber leicht, sich in das Geschäft seines künftigen Schwiegervaters einzuarbeiten. Er entwickelte vom ersten Tage an den größten Eifer, innerlich aber war ihm nicht wohl zumut. Wo würde der Alte die elf Mille hintun? Und ob er bei solcher Gelegenheit – –? Mit anbrechender Dunkelheit verbarg sich Max im Garten, beobachtete stundenlang das Krokusbeet.

Richtig, in der dritten Nacht sah er den Alten auf dieses Beet zustreben. Wieder trug er einen Gegenstand. O Gott! O Gott! – – Aber – – Gott sei gelobt! – Er griff den heiligen Krokushain nicht an. Sondern er maß zehn Handspannen vom Rande desselben nach rechts ab, und an dem Endpunkte vergrub er das Paket, vergrub er sein, Maxens, Rückenmark. Und dann – Max sah es deutlich und lächelte dabei gerührt und triumphierend, während er noch mit den Zähnen klapperte – dann steckte Vater Heimsick kleine Zwiebelchen in das Erdreich vom Krokusbeet bis über das neue Versteck hinaus.

Max hatte dem Teufel einmal den kleinen Finger gereicht. Um es kurz zu erzählen: Er stahl auch das zweite Paket und fand zu Hause wieder in einer Teebüchse sein Rückenmark, elftausend Mark, ja sogar noch viertausend Mark mehr mit einem Zettel »Dies sparte Max Timber für Eva Heimsick«. Max weinte und betete.

Bald wurde der Lehrling eine bedeutsame, fast unentbehrliche Stütze des Samenhändlers, Mit dem Gehalt, das er monatlich bezog, ging er übertrieben sparsam um. Vom Überschuß kaufte er praktische Geschenke für Evchen und Gegenstände der Aussteuer. Heimlich aber spekulierte er mit den fünfzehn Mille und verlor und verlor, bis er nach Monaten fünfundzwanzigtausend Mark gewonnen hatte. Da betete er und weinte. Und füllte und verlötete wieder die beiden Teebüchsen, nur daß er die fünfzehntausend in Heimsicks Büchse und die zehntausend in seine eigene tat.

Unterdessen hatte sich etwas anderes Geheimnisvolles begeben. In einer dunklen Nacht war Evchen mühsam nach dem dunklen Winkel gewankt, und sie hatte mit schwachen Händen ein Paket, ein in Tücher gewickeltes Etwas, genau in die Mitte des Krokusbeetes, das sich im Laufe der Zeit weiter ausgedehnt hatte, eingegraben. Später hatte sie dann folgenden Brief an ihren Klavierlehrer geschrieben: »Enrico, ich habe Dir etwas Trauriges und doch auch Erfreuliches mitzuteilen: Es ist tot. Aber nun ist auch alles zwischen uns aus. Ich heirate demnächst einen Mann, den ich mehr als Dich lieben lernte. Wir, Du und ich, dürfen uns nie wieder sehen, tue das Deinige dazu und vergiß Eva.«

Enrico Marsalino war sowieso der Boden zu heiß geworden, und er trug sich prinzipiell mit der Absicht, das abgegraste Städtchen bald zu verlassen. Vielleicht hatte Evas Brief etwas in ihm erweckt. Vielleicht lag ihm das Posieren unbezwingbar im Blut. Jedenfalls steckte er eines Abends eine Alpakanadel an eine weiße Lilie und machte sich auf, um diesen Abschiedsstrauß auf Evchens Fenstersims niederzulegen. Im Garten mußte er plötzlich beiseite springen in ein schützendes Gebüsch, weil ein anderer Mann sich näherte. Der Italiener wurde stiller Zeuge davon, daß dieser Mann an zwei Stellen je ein Paket verscharrte. Marsalino grub bald danach diese beiden Pakete aus und fuhr damit, nachdem er auf dem Beete den *status quo ante* hergestellt hatte, nach seiner Heimat Süditalien, auch die Lilie und die Alpakanadel mitnehmend.

Allmählich ward Evchen gesund. Verlobung und Hochzeit wurden gefeiert in einem pompösen Fest, dabei sich Timber und Heimsick dauernd betrunken umarmten.

»Dein Prinzip ist das richtige!« rief der Alte.

»Nein, dein Prinzip ist das richtige!« rief der Junge.

»Nein, deins!« – »Nein, deins!«

Von Prokura war gar nicht die Rede, sondern es wurde die Firma Timber und Heimsick gegründet.

Diese Firma erlebte bald einen riesigen Aufschwung. Timber war der Sparsame, Heimsick spekulierte. Aber weder Schwiegersohn noch Schwiegervater erwähnten jemals die Rückenmarksangelegenheit, denn sie waren glücklich und nicht geschwätzig. Und Evchen machte ein glückliches Gesicht – nein, sie war wirklich glücklich, aber von ihrem Krokusgeheimnis sprach sie nie, denn sie war nicht geschwätzig. Auch Herr Marsalino schwatzte nicht, sondern lebte glücklich in der Ferne.

Jedes Jahr hoben rührende, unschuldige, leuchtende Krokusse ihre Köpfchen aus der Erde, aber sie schwatzten nichts aus, denn sie waren glücklich.

Man könnte nun fragen, ob und wie jene Krokusgeheimnisse jemals aufgedeckt wurden, oder wenn nicht, woher ich sie wüßte, aber ich bin auch nicht geschwätzig und lebe glücklich. Ich bin ein rührender, unschuldiger, leuchtender Krokus.

Ein Herr aus unsrer Mitte

KATHI UND DIE FREIER

Ja, niemand weiß es wohl genau,
Ob die Kathi Fräulein, Mann oder Frau
Und wie sie sich zur Männerwelt
Und zum Begriffe »Liebe« stellt.

Ich aber habe das ergründet,
Und ob sie noch so schreit und tobt,
Nun sei es endlich mal verkündet:
Kathi war siebenmal verlobt!

Als ersten Mann erwählte sie
'nen Leutnant von der Infanterie.
Der kam, probierte ihren Wein,
Erschoß sich gleich und sagte »Nein!«

Und schlich, das saure Gift im Leib,
Davon und nahm ein ander Weib.

Da nahte sich ein zweiter Freier,
Das war ein derber Oberbayer,
Der wollte Kathis Schnurrbartspitzen
Zum Zähnebürsteln früh benützen.

Da schäumte Kathi und`entband
Das Bündnis, das nur kurz bestand.

Der dritte Mann in kurzer Zeit
War einer von der Geistlichkeit.
Der, als er in den Simpl kam,
An vielen Bildern Anstoß nahm.
Er überklebte dann die Wand

Mit kleinen Feigenblatt-Oblaten.
Da warf ihn Kathi kurzer Hand
Mit Linkseffet aufs Straßenpflaster
Und sagte: »Gute Nacht, Herr Paster!«

Der vierte kam, das war ein lieber
Kommerzienrat, jedoch ein Schieber!
Kaum, daß er mit ihr angebandelt,
Da ward der Simpl schon durch ihn
Zur Schieberbörse umgewandelt,
Da wurde Seife, Kokain
Und Wurst und Lederwerk verhandelt.
Da sagte Kathi: »Na, mein Herzchen,
Ich schwärme nicht für solche Scherzchen,
Verdufte dich, mit die Kommerzchen.«

Der fünfte Mann war was Apart's,
Der liebte Kathi wie ein Dichter,
Jedoch er liebte sie nur schwarz
Und soff dazwischen wie ein Trichter.
Und liebte ferner, außer Kathln
Noch hintenrum zwei Küchenmadln.
Da spielte Kathi Schleichpatrouille,
Erwischte ihn und sagte: »Entschull'je,
Mein heißgeliebter Nummer Fünfe,
Ich bitte Dich, mach dich auf die Strümpfe!«

Da nahte sich ein Bolschewist,
Um Kathi zu sozialisieren,
Der wollte mit Gewalt und List
Und Flammenwerfern imponieren.
Und Kathi, scharf in Mixt und Pickel
Und von den Werfern schon entflammt,
Sie packte ihn beim Bolschewickel
Und schleppte ihn aufs Standesamt.

Der Bolschewick, der roch den Braten,
Doch weil er edel war und keusch,
Verschluckte er zwei Handgranaten
Und explodierte mit Geräusch.

Bis sich der Pulverdampf verzogen,
Da war der Rotgardist verflogen,
Und Kathis ganzes Geld war futsch,
Und in der Zeitung las man: »Putsch!«

Doch wie das so in dieser Welt ist,
Bald gab es wieder ein Verhältnis.
Und dem Verhältnis Nummer Sieben
Ist Kathi denn auch treu geblieben.

Es ist, – Kathi, verzeih mir's bitte,
Es ist ein Herr aus unsrer Mitte –!
Er pflegt sich täglich hier zu zeigen,
Wird sich auch heute hier verneigen

Und heißt auf diesem Tingelplatz:
        Joachim Ringelnatz.

»Das Leben lieben«

Anthologien
im insel taschenbuch

Glück. Erkundigungen, eingeholt von Gottfried Honnefelder. it 1459. 377 Seiten

Träume sind wahr. Gedanken zur Nacht. Ausgewählt von Rainer Weiss. it 2737. 176 Seiten

Die Gunst des Augenblicks. Von der Kunst, in der Gegenwart zu leben. Herausgegeben von Hans-Joachim Simm. it 3005. 158 Seiten

Die Kunst, glücklich zu sein. Asiatische Lebensweisheiten. Herausgegeben und ausgewählt von Ursula Gräfe. it 3124. 117 Seiten

Das Leben lieben. Ausgewählt von Rainer Weiss. it 2634. 176 Seiten

Lob der Faulheit. Geschichten und Gedichte. Ausgewählt von Joachim Schultz und Gerhard Köpf. it 3072. 220 Seiten

Orte der Seele. Gedanken über das Jenseits. Herausgegeben von Hans-Joachim Simm. it 2238. 327 Seiten

Von der Versöhnung. Texte zum Nachdenken. Ausgewählt von Hans-Joachim Simm. it 2779. 160 Seiten

Von der Würde des Menschen. Ausgewählt von Hans-Joachim Simm. it 2545. 151 Seiten

Was also ist die Zeit? Erfahrungen der Zeit, gesammelt von Gottfried Honnefelder. it 1774. 284 Seiten

NF 18/1/1.10

Mit dem insel taschenbuch
durch das Jahr

Das Buch vom Schnee. Lesestoff für Wintertage. Herausgegeben von Simone Frieling. it 2695. 220 Seiten

Fröhliche Ostern. Geschichten und Gedichte. Ausgewählt von Peter Wenzel. it 3089. 140 Seiten

Das Frühlingsbuch. Gedichte und Prosa. Herausgegeben von Hans Bender und Nikolaus Wolter. it 914. 238 Seiten

Frühlingserwachen. Geschichten von der ersten Liebe. Herausgegeben und ausgewählt von Felicitas Bovis.
it 3135. 171 Seiten

Das Herbstbuch. Gedichte und Prosa. Herausgegeben von Hans Bender. it 657. 262 Seiten

Von Insel zu Insel. Ein Lesebuch. Ausgewählt von Lothar Meier. it 3054. 273 Seiten

Meer in Sicht. Geschichten von Wellen, Wind und weiten Stränden. Herausgegeben und ausgewählt von Günter Stolzenberger. it 2931. 238 Seiten

Mörderischer Sommer. Spannende Kriminalgeschichten für heiße Tage. Ausgewählt von Carolin Bunk und Hans Sarkowicz. it 3422. 180 Seiten

Oktoberfest! Ein literarischer Wiesnbummel mit Peter Maigler. Mit zahlreichen farbigen Fotografien. it 3352. 248 Seiten

NF 17/1/1.09

Ostern in Rom. Herausgegeben von Stefan Janson.
it 2596. 234 Seiten

Die Rose. Herausgegeben von Beatrix Müller-Kampel. Mit
farbigen Fotografien. it 2619. 179 Seiten

Schwimmen. Texte und Bilder. Herausgegeben von Gisela
Linder. it 2523. 140 Seiten

Das Sommerbuch. Gedichte und Prosa. Herausgegeben von
Hans Bender. it 847. 230 Seiten

Tödliches Eis. Kriminalgeschichten aus Skandinavien. Ausgewählt von Carolin Bunk und Hans Sarkowicz. it 3383. 182 Seiten

Warum in die Ferne? Das Lesebuch für Daheimgebliebene.
Ausgewählt von Hans Christian Kosler. it 2832. 200 Seiten

Das Winterbuch. Gedichte und Prosa. Herausgegeben von
Hans Bender und Hans Georg Schwank. it 728. 252 Seiten

Hermann Hesse

Bäume. Betrachtungen und Gedichte. Zusammengestellt von
Volker Michels. Mit Fotografien von Pieter Jos van Limbergen.
it 455. 141 Seiten

Freude am Garten. Betrachtungen, Gedichte und Fotografien. Mit farbigen Aquarellen des Dichters. Herausgegeben
und mit einem Nachwort versehen von Volker Michels.
it 1329. 233 Seiten

In Weihnachtszeiten. Betrachtungen, Gedichte und Aquarelle des Verfassers. Ausgewählt und mit einem Nachwort von Volker Michels. it 2418. 118 Seiten

Jahreszeiten. Betrachtungen, Gedichte und Aquarelle. Zusammengestellt von Volker Michels. it 2339. 131 Seiten

Weihnachten. Betrachtungen und Gedichte zur Winter- und Weihnachtszeit. Ausgewählt und mit einem Nachwort versehen von Volker Michels. it 3302. 106 Seiten

Wolken. Betrachtungen und Gedichte. Herausgegeben von Volker Michels. Mit Fotografien von Pieter Jos van Limbergen. it 3332. 147 Seiten

»Freude am Garten«
im insel taschenbuch
Eine Auswahl

Alle Vögel sind schon da. Geschichten und Gedichte. Ausgewählt von Simone Frieling. it 3085. 171 Seiten

Alpenblumen im Frühling. In Holz geschnitten und koloriert
von Josef Weisz. Nachbemerkung von Josef Weisz. Botanische
Erläuterungen von Gerd Miller. 64 Seiten. IB 1142

Elizabeth von Arnim
- Elizabeth und ihr Garten. Roman. Aus dem Englischen von
  Adelheid Dormagen. Gebunden und it 1293. 131 Seiten
- Der Garten der Kindheit. Übersetzt von Leonore Schwartz.
  it 3258. 67 Seiten

Bäume. Gedichte und Prosa. Ausgewählt von Gottfried
Honnefelder. it 1811. 282 Seiten

Marianne Beuchert
- Gärten am Reiseweg. Von Irland bis Portugal. Mit farbigen
  Fotografien von Marion Nickig. 160 Seiten. Gebunden
- Die Gärten Chinas. it 2195. 280 Seiten
- Symbolik der Pflanzen. Von Akelei bis Zypresse. Mit Aqua-
  rellen von Maria-Therese Tietmeyer. it 2994. 391 Seiten.

Blütenzauber. Die schönsten Blumengedichte. Ausgewählt
von Gesine Dammel. it 2422. 93 Seiten

Esther Gallwitz. Schneewittchens Apfel. Pflanzen in Grimms
Märchen. Mit farbigen Aquarellen von Maria-Therese Tietmeyer. it 2530. 209 Seiten

ker Michels. Mit farbigen Illustrationen. it 2424. 160 Seiten
- Stunden im Garten. Der lahme Knabe. Zwei Idyllen. Mit
  Zeichnungen von Gunter Böhmer. IB 999. 124 Seiten
- Vogel. Ein Märchen. Illustriert von Gunter Böhmer. Mit
  einem Nachwort von Volker Michels. it 2399. 103 Seiten

Hinter Mauern ein Paradies. Der mittelalterliche Garten.
112 Seiten. IB 1184

Martina Hochheimer.
- Die Blumen in den Wintertagen. IB 1273. 66 Seiten
- »Und die Blumen des Sommers, die schön im Winde läuten«.
  IB 1219 . 72 Seiten
- »Schönheit dieser Welt«. Blumen des Herbstes. Fotografiert und
  Textauswahl von Martina Hochheimer. 71 Seiten. IB 1286
- Veilchen träumen schon. Die Blumen des Frühlings.
  IB 1241. 72 Seiten

Marie Luise Kaschnitz. Der alte Garten. Ein Märchen.
Großdruck. it 2394. 288 Seiten

Maria Sibylla Merian
- Das Insektenbuch. Metamorphosis Insectorum Surinamen-
  sium. Nachdruck der 1707 in Amsterdam erschienenen
  Ausgabe nach dem Exemplar der Sächsischen Landesbiblio-
  thek zu Dresden. Begleittext von Helmut Deckert. Mit 60
  Bildtafeln. it 2870. 168 Seiten
- Neues Blumenbuch. Nachdruck der 1680 in Nürnberg er-
  schienenen Ausgabe nach dem Exemplar der Sächsischen
  Landesbibliothek in Dresden. Begleittext von Helmut
  Deckert. 305 Seiten. Gebunden. und it 2927. 151 Seiten.

Olive. Der heilige Baum. Geschichten und Gedichte mit farbigen Abbildungen. Ausgewählt von Andrea Schellinger.
it 3031. 155 Seiten

NF 56/3/12.07

Eliza Orzeszkowa. Die Blumenhochzeit. Ein Märchen.
it 2397. 66 Seiten

Anna Pavord. Die Tulpe. Eine Kulturgeschichte. Übersetzt von Sven Dörper und Thomas Wollermann. Mit farbigen Abbildungen. it 2881. 285 Seiten.

Hermann Fürst von Pückler-Muskau. Andeutungen über Landschaftsgärtnerei. Herausgegeben von Günter J. Vaupel. it 1024. 377 Seiten

Eça de Queiroz. Die Rose. Übersetzt von Ulrich Kunzmann. 55 Seiten. IB 1177

Rainer Maria Rilke.
- Frühling. Ausgewählt von Thilo von Pape. it 3255. 118 Seiten
- Herbst. Ausgewählt von Thilo von Pape. it 3288. 116 Seiten
- In einem fremden Park. Gartengedichte. IB 1125. 128 Seiten
- Jahreszeiten. Gedichte und Gedanken. Ausgewählt von Vera Hauschild. it 3109. 126 Seiten
- Sommer. Ausgewählt von Thilo von Pape. it 3266. 114 Seiten
- Winter. Ausgewählt von Thilo von Pape. it 3289. 124 Seiten

Die Rose. Gedichte und Prosa. Ausgewählt von Beatrix Müller-Kampel. Mit farbigen Fotografien. it 2619. 187 Seiten

Johannes Roth
- Gartenlust. Mit farbigen Fotografien von Marion Nickig. it 1390. 249 Seiten
- Die neue Gartenlust. Mit farbigen Fotografien von Marion Nickig. it 1571. 166 Seiten
- Gartenlust. Die neue Gartenlust. Mit farbigen Fotografien von Marion Nickig. Zwei Bände in Kassette. it 3035. 415 Seiten

Vita Sackville-West. Sissinghurst. Portrait eines Gartens.
it 3183 127 Seiten

Peter Sager. Englische Gartenlust. Von Cornwall bis Kew
Gardens. it 3184. 162 Seiten

Schmetterlinge. Geschichten und Gedichte. Auswahl von
Simone Frieling. it 2882. 196 Seiten

Siegfried Unseld. Goethe und der Ginkgo. Ein Baum und ein
Gedicht. Mit Abbildungen. IB 1188. 112 Seiten

Von Fliegen und Menschen. Geschichten und Gedichte.
Ausgewählt von Margit Wyder. it 2933. 250 Seiten

Die vier Jahreszeiten. Gedichte und Prosa. Vier Bände einzeln:
- Das Frühlingsbuch. Herausgegeben von Hans Bender und
  Nikolaus Wolters. it 2201. 233 Seiten
- Das Sommerbuch. Herausgegeben von Hans Bender.
  it 847. 230 Seiten
- Das Herbstbuch. Herausgegeben von Hans Bender.
  it 657. 262 Seiten
- Das Winterbuch. Herausgegeben von Hans Bender und
  Hans Georg Schwark. it 728. 252 Seiten

Karl Heinrich Waggerl. Das Wiesenbuch. 75 Seiten. IB426

NF 56/5/12.07

Literarische Reisebegleiter
im insel taschenbuch
Eine Auswahl

Städte

Barcelona. Ein Reisebegleiter. Von Michi Strausfeld. Mit farbigen Fotografien. it 3251. 283 Seiten

Bayreuth. Ein literarisches Porträt. Herausgegeben von Frank Piontek und Joachim Schultz. Mit zahlreichen Abbildungen. it 1830. 208 Seiten

Mit Brecht durch Berlin. Ein literarischer Reiseführer. Von Michael Bienert. Mit zahlreichen Fotografien. it 2169. 271 Seiten

Literarischer Führer Berlin. Von Fred Oberhauser und Nicole Henneberg. Mit zahlreichen Abbildungen, Karten und Registern. it 2177. 517 Seiten

Bremen. Literarische Spaziergänge. Von Johann-Günther König. Mit farbigen Fotografien. it 2621. 272 Seiten

Buenos Aires. Ein Reisebegleiter. Von Sieglinde Oehrlein. Mit farbigen Fotografien. it 3215. 239 Seiten

Cambridge. Eine Kulturgeschichte. Von Peter Sager. it 3335. 331 Seiten

Chicago. Porträt einer Stadt. Herausgegeben von Johann Norbert Schmidt und Hans Peter Rodenberg. Mit farbigen Fotografien. it 3032. 330 Seiten

Dublin. Ein Reisebegleiter. Von Hans-Christian Oeser. Mit farbigen Fotografien. it 3114. 220 Seiten

NF 31/1/4.10

Florenz. Ein Reisebegleiter. Von Birgit Hanstedt. Mit farbigen Fotografien. it 3610. Etwa 220 Seiten

Frankfurt. Acht literarische Spaziergänge. Von Siegfried Diehl und Karlheinz Braun. Mit farbigen Fotografien. it 3204. 246 Seiten

Mein Frankfurt. Von Martin Mosebach. Ausgewählt und mit einem Nachwort von Rainer Weiss. Mit Fotografien von Barbara Klemm. it 2871. 176 Seiten

Granada. Ein literarisches Porträt. Herausgegeben von Nina Koidl. Mit farbigen Fotografien. it 2635. 243 Seiten

Hamburg. Ein Städte-Lesebuch. Herausgegeben von Eckhart Kleßmann. Mit zahlreichen Abbildungen. it 1312. 305 Seiten

Havanna. Ein Reisebegleiter. Von Roman Rhode. Mit farbigen Fotografien. it 3608. 216 Seiten

Heidelberg-Lesebuch. Stadt-Bilder von 1800 bis heute. Herausgegeben von Michael Buselmeier. it 913. 385 Seiten

Istanbul. Ein Reisebegleiter. Von Barbara Yurtdas. Mit farbigen Fotografien. it 3026. 313 Seiten

Leipzig. Ein Reisebegleiter. Von Werner Marx. Mit farbigen Fotografien. it 3253. 220 Seiten

Lissabon. Ein Reisebegleiter. Von Gaby Wurster. Mit farbigen Fotografien. it 3202. 190 Seiten

London. Literarische Spaziergänge. Von Harald Raykowski. it 2554. 272 Seiten

NF 31/2/4.10

London. Bilder einer großen Stadt. Von Virginia Woolf. it 3185. 102 Seiten

Moskau. Ein Reisebegleiter. Von Ingrid Schalthöfer. Mit farbigen Fotografien. it 3454. Etwa 220 Seiten

Muß man München nicht lieben? Von Wolfgang Koeppen. it 2712. 160 Seiten

München. Ein Reisebegleiter. Von Gerd Holzheimer. Mit farbigen Fotografien. it 3351. 208 Seiten

New York. Literarische Spaziergänge. Von Herbert Genzmer. Mit farbigen Fotografien. it 2883. 160 Seiten

Oxford. Eine Kulturgeschichte. Von Peter Sager. it 3334. 365 Seiten

Paris. Literarische Spaziergänge. Von Uwe Schultz. Mit farbigen Fotografien. it 2884. 272 Seiten.

Mit Proust durch Paris. Von Rainer Moritz. Mit zahlreichen Fotografien. it 2992. 160 Seiten.

Peking. Ein Reisebegleiter. Von Susanne Messmer. Mit farbigen Fotografien. it 3358. 252 Seiten

Potsdam. Literarische Spaziergänge. Von Jochen R. Klicker. Mit farbigen Fotografien. it 2926. 416 Seiten

Rom. Ein Reisebegleiter. Von Birgit Hanstedt. Mit farbigen Fotografien. it 3338. 331 Seiten

Rom. Inseln in Rom. Von Marco Lodoli. it 3196. 128 Seiten

Rom. Spaziergänge in Rom. Von Marco Lodoli. it 3339. 102 Seiten

Mit Marie Luise Kaschnitz durch Rom. Herausgegeben von Iris Schnebel-Kaschnitz und Michael Marschall von Bieberstein. Mit Fotografien von Mario Clementi. it 2607. 196 Seiten

Salzburg. Ein Reisebegleiter. Von Wolfgang Straub. Mit farbigen Fotografien. it 3359. 225 Seiten

St. Petersburg. Literarische Spaziergänge. Von Ingrid Schalthöfer. Mit farbigen Fotografien. it 2833. 240 Seiten

Tübingen. Ein literarischer Spaziergang. Herausgegeben von Gert Ueding. Mit zahlreichen Abbildungen. it 1246. 384 Seiten

Venedig. Ein Reisebegleiter. Von Doris und Arnold E. Maurer. Mit zahlreichen Fotografien. it 3110. 190 Seiten

Venedig. Salon der Welt. Von Eva Demski. it 3193. 113 Seiten

Weimar. Ein Reisebegleiter. Von Annette Seemann. Mit farbigen Fotografien. it 3066. 300 Seiten

Wien. Ein Reisebegleiter. Von Susanne Schaber. Mit farbigen Fotografien. it 3278. 272 Seiten

Das Wiener Kaffeehaus. Mit zahlreichen Abbildungen und Hinweisen auf Wiener Kaffeehäuser. Herausgegeben von Kurt-Jürgen Heering. it 1318. 318 Seiten